Empreender na maturidade
REINVENTE-SE

ADMINISTRAÇÃO REGIONAL DO SENAC NO ESTADO DE SÃO PAULO
Presidente do Conselho Regional: Abram Szajman
Diretor do Departamento Regional: Luiz Francisco de A. Salgado
Superintendente Universitário e de Desenvolvimento: Luiz Carlos Dourado

EDITORA SENAC SÃO PAULO
Conselho Editorial: Luiz Francisco de A. Salgado
Luiz Carlos Dourado
Darcio Sayad Maia
Lucila Mara Sbrana Sciotti
Jeane Passos de Souza

Gerente/Publisher: Jeane Passos de Souza (jpassos@sp.senac.br)
Coordenação Editorial/Prospecção: Luís Américo Tousi Botelho (luis.tbotelho@sp.senac.br)
Márcia Cavalheiro R. de Almeida (mcavalhe@sp.senac.br)
Administrativo: João Almeida Santos (joao.santos@sp.senac.br)
Comercial: Marcos Telmo da Costa (mtcosta@sp.senac.br)

Edição e Preparação de Texto: Gabriela Lopes Adami
Coordenação de Revisão: Luiza Elena Luchini
Revisão de Texto: Albertina Pereira Leite Piva
Projeto Gráfico e Editoração Eletrônica: Manuela Ribeiro
Ilustrações: Raquel Fernandes (capa), Freepik (miolo)
Impressão e Acabamento: Gráfica CS

Proibida a reprodução sem autorização expressa.
Todos os direitos desta edição reservados à
Editora Senac São Paulo
Rua 24 de Maio, 208 – 3º andar
Centro – CEP 01041-000
Caixa Postal 1120 – CEP 01032-970 – São Paulo – SP
Tel. (11) 2187-4450 – Fax (11) 2187-4486
E-mail: editora@sp.senac.br
Home page: http://www.livrariasenac.com.br
© Editora Senac São Paulo, 2020

Dados Internacionais de Catalogação na Publicação (CIP)
(Jeane Passos de Souza – CRB 8ª/6189)

Sampaio, Mara
Empreender na maturidade : reinvente-se / Mara Sampaio. –
São Paulo : Editora Senac São Paulo, 2020.

Bibliografia.
ISBN 978-65-5536-066-0 (impresso/2020)
e-ISBN 978-65-5536-067-7 (ePub/2020)
e-ISBN 978-65-5536-068-4 (PDF/2020)

1. Empreendedorismo 2. Atitude empreendedora : Maturidade
3. Empreendedor sênior 4. Gestão empreendedora : Sucesso
I. Título.

20-1078t
CDD – 658.42
BISAC BUS025000

Índice para catálogo sistemático:
1. Empreendedorismo   658.42

MARA SAMPAIO

Empreender na maturidade
REINVENTE-SE

SÃO PAULO – EDITORA SENAC SÃO PAULO, 2020

nota do editor, 7
prefácio – JOÃO CARLOS MARTINS, 9
dedicatória, 13
apresentação, 15

Poços d'água no deserto:
início da travessia, 21

OS NOVOS VELHOS, 26

TRABALHO E MUDANÇAS, 29

INICIANDO A TRAVESSIA, 32

Larvas e borboletas:
potencial de transformação, 35

CONFRONTANDO ESTEREÓTIPOS, 40

Jiboias e elefantes:
autoconhecimento
e sonhos adormecidos, 49

OS NÚMEROS QUE (NÃO) IMPORTAM, 50

INDIVIDUAL × COLETIVO, 51

JIBOIAS E ELEFANTES, 53

QUAIS SÃO SUAS HABILIDADES?, 57

Rosas e baobás:
cultivar o essencial, 63

DESAPEGANDO DA BAGAGEM, 65

MENTALIDADE FIXA × MENTALIDADE
DE CRESCIMENTO, 66

NOVAS HABILIDADES, 70

Caminhos possíveis:
escolha empreendedora, 77

AS ALTERNATIVAS EMPREENDEDORAS, 79

A FORÇA QUE ESTIMULA, 81

A MOTIVAÇÃO SOB ANÁLISE, 86

Planetas pessoais:
motivações empreendedoras, 91

O PLANETA DO BEBERRÃO (NÍVEL DE CONSCIÊNCIA: SOBREVIVÊNCIA), 94

O PLANETA DO REI (NÍVEL DE CONSCIÊNCIA: RELACIONAMENTO), 99

O PLANETA DO VAIDOSO (NÍVEL DE CONSCIÊNCIA: AUTOESTIMA), 105

O PLANETA DO ACENDEDOR DE LAMPIÕES (NÍVEL DE CONSCIÊNCIA: TRANSFORMAÇÃO), 110

O PLANETA DO EMPRESÁRIO (NÍVEL DE CONSCIÊNCIA AUTORREALIZAÇÃO), 116

O PLANETA DO GEÓGRAFO (NÍVEL DE CONSCIÊNCIA: DIFERENCIAÇÃO), 122

O PLANETA TERRA (NÍVEL DE CONSCIÊNCIA: SERVIR), 127

Saída do deserto:
construção da atitude empreendedora, 139

AUTOCONFIANÇA, 143

AUTONOMIA, 147

AUTOATRIBUIÇÃO, 149

ALTERIDADE, 151

COM AS CARTAS NA MÃO, 153

Raposas:
amizades e felicidade, 157

EMPATIA: A REGRA ESSENCIAL, 159

FELICIDADE NA JORNADA , 165

Estrelas:
propósitos e compromisso com o legado, 171

QUAL É O SEU PROPÓSITO?, 173

CONTANDO SUA HISTÓRIA, 179

Conclusão, 183
Referências, 187

nota do editor

A aposentadoria – seja ela compulsória, seja advinda de uma decisão pessoal – costuma ser uma mudança expressiva na trajetória de vida, tanto no âmbito profissional quanto no pessoal. Muitas pessoas passam a se perguntar o que podem fazer para preencher o tempo livre de maneira significativa ou como conseguirão manter o mesmo padrão de vida da etapa anterior.

Os seniores têm mostrado que ainda há fôlego para encontrar e percorrer uma nova estrada, e é no empreendedorismo que muitos encontram a nova direção. Esta obra vem para auxiliá-los, portanto, a identificar em sua bagagem quais são as motivações capazes de impulsionar seus passos, as habilidades que sustentam e as características que podem se tornar empecilhos na caminhada, bem como os sonhos que devem servir de combustível, entre outros elementos que podem tornar a viagem mais leve e satisfatória.

Além do livro de Saint-Exupéry, Mara Sampaio faz referência a outras obras clássicas e aos estudos e teorias mais recentes para abordar o desenvolvimento da atitude empreendedora e sua relação com a maturidade. No sexto capítulo, são trazidos também alguns exemplos reais para mostrar que o empreendedorismo não está tão distante do sênior. Assim, o material é enriquecido não só com informações bem fundamentadas, mas também com diversas fontes de inspiração.

Este lançamento do Senac São Paulo não promete retirar as pedras no caminho, mas, por meio das reflexões suscitadas, tem o potencial de iluminar a estrada para que o empreendedor sênior a inicie com confiança, sabendo que a trilha não só é possível como vale a pena ser percorrida.

prefácio

Quando fui convidado por Mara Sampaio para prefaciar seu livro *Empreender na maturidade: reinvente-se*, inicialmente me perguntei: mas por que eu? Músico de formação e pianista na primeira fase de minha carreira, sempre me vi mais como um artista do que como um empreendedor. Por essa razão, não me considerei, a princípio, a pessoa mais indicada para tratar do tema. Depois, ao me aproximar da obra, percebi que sim. Tomando como base *O Pequeno Príncipe*, livro mais conhecido do escritor francês Antoine de Saint-Exupéry, a obra fala de mudança de vida. Nesse caso, eu tinha muito o que falar sobre o tema.

Uma das minhas frases prediletas, que repito sempre que tenho oportunidade, é:

O Pequeno Príncipe fala de sonhos, comprometimento, entrega, confiança e fé. Esses ingredientes, que são essenciais na trajetória de um empreendedor, fizeram parte de momentos delicados da minha vida. Muitas vezes precisei empreender, sonhar e superar obstáculos e, diante do que parecia insucesso, ter a disposição de recomeçar. Passei por tudo isso, ou seja, por sucessos acompanhados de adversidades, que, por sua vez, foram sucedidas por sucesso, durante setenta anos de uma carreira que começou ainda na infância.

> "você corre, corre, corre atrás de um sonho e... quando menos percebe, o sonho está correndo atrás de você!".

A pessoa que se depara com um contratempo mais sério – eu conheci de perto várias delas – se vê diante de duas alternativas. Ou dá um salto para o abismo, confiando na sorte para se livrar do pior, ou transforma o percalço em uma plataforma que servirá de base para voos mais altos. Eu sempre optei pelo segundo caminho desde que os primeiros problemas ameaçaram minha carreira de pianista.

Com 24 cirurgias realizadas para tentar recuperar os movimentos das mãos, eu diria que a frase "a vida começa aos 40" não se aplica ao meu caso. Para mim, diria que a vida começou aos 50 e, sob esse aspecto, me identifiquei imensamente com o livro de Mara Sampaio – que trata exatamente da possibilidade ou da necessidade de iniciar uma jornada empreendedora em um momento da vida em que tudo parecia resolvido. A partir dali, e depois de toda a sorte de altos e baixos ao longo dos dez anos seguintes, minha cabeça se voltou na direção do empreendedorismo. Aos 63 anos, iniciei uma nova carreira como maestro. Nessa posição, caberia a mim tomar as iniciativas que fariam diferença nas vidas de quem estivesse sob minha regência e, principalmente, de quem assistisse a nossos concertos.

À frente da Orquestra Bachiana Filarmônica SESI-SP, só posso agradecer a Deus por tudo o que aconteceu na minha vida, nas duas carreiras que me possibilitaram transmitir emoção por meio da música. Sempre me pergunto: será que isto é necessário na vida de uma pessoa? Eu mesmo respondo: não. O que realmente importa durante o período que passamos nesta existência não é o que fazemos, mas sim o legado que deixamos. No meu caso, mais importante do que a música em si, é a dose de responsabilidade social envolvida no trabalho.

Qual é o legado que pretendo deixar?

Creio que, por meio da arte, ajudo a estimular a sede de cultura do povo brasileiro – e poucas buscas são mais empreendedoras do que essa. Meu sonho, como o do grande Heitor Villa-Lobos, é fechar o Brasil em formato de coração por meio da música. Ele dizia: "Não é um público inculto que vai julgar as artes, as artes é que mostram a cultura de um povo".

De certa forma, isso também se aplica à trajetória do empreendedor. De nada adianta as pessoas que conheceram o sucesso, como conheci em minha carreira internacional como pianista, ficarem presas ao passado. O importante é empreender e seguir em frente, até para criar um ambiente que mostre às demais que isso é possível. Isso vale para todos, sobretudo para aqueles que, depois de acumular experiências vitoriosas ao longo da vida profissional, se veem diante da possibilidade ou da necessidade de tentar um novo começo, que deixará um legado para as futuras gerações.

João Carlos Martins
Maestro e idealizador da Fundação Bachiana

A Ricardo Galuppo,
meu companheiro nesta jornada!

apresentação

Em um primeiro momento, ao me deparar com o desafio de escrever sobre empreendedorismo para pessoas com mais de 50 anos, confesso que não me senti atraída pelo tema. Isso porque minha visão inicial, baseada na experiência em sala de aula ao longo de mais de vinte anos de trabalho com a educação empreendedora, mostrava que a idade por si só não era um fator que diferenciasse um empreendedor do outro nem que justificasse um olhar especial sobre o empreendedorismo dos "seniores" – como serão tratadas, nas próximas páginas, as pessoas dessa faixa etária. Um livro com esse enfoque, imaginei, corria o risco de chamar mais atenção para questões relacionadas com a demografia e a longevidade do que para o empreendedorismo.

Em um segundo momento, no entanto, me vi completamente cativada pela ideia. Acreditava (e continuo acreditando) que, para empreender, tanto faz ter 20, 30 ou 60 anos: a idade não é um fator determinante para o sucesso, desde que a pessoa demonstre ou desenvolva sua atitude empreendedora (tema do livro que publiquei em 2014 por esta mesma editora) e que tenha clareza em relação àquilo que pretende realizar. Para mim, empreendedor não tem idade. Aquela primeira visão, reconheço, estava influenciada por minha forte rejeição a qualquer ideia de discriminar as pessoas mais velhas e de tratá-las como um caso à parte do conjunto da sociedade. Ou, o que seria ainda pior, de insinuar que, nessa altura da vida, esse grupo é menos capaz do que os mais jovens e só conseguiria empreender se recebesse algum tipo de incentivo ou de subsídio.

Por formação, por convicção e até por fazer parte desse grupo, eu me recusava (e continuo me recusando) a ver o sênior como alguém com a predisposição para o trabalho prejudicada ou com a capacidade de iniciativa limitada por fatores relacionados exclusivamente com a idade. Tanto isso é verdade que, durante minhas reflexões iniciais sobre o tema, a primeira ideia que me ocorreu foi dar a este livro o título "Empreendedorismo em qualquer idade". Nele, eu reuniria exemplos e argumentos que mostrassem principalmente às pessoas nascidas entre 1946 e 1964, os chamados *baby boomers*, que suas condições de empreender não eram inferiores às das pessoas mais jovens – as quais, como geralmente se pensa, costumam se sentir mais atraídas quando o tema é empreendedorismo.

A ideia de atrair os seniores para o empreendedorismo, no entanto, mostrou-se desnecessária logo nos meus primeiros contatos com integrantes de grupos como o Empreendedoras Maduras, o Trabalho60+, o Instituto da Longevidade e outros formados por *baby boomers*, justamente porque o empreendedorismo já era um assunto identificado por eles. Foi como se eu tivesse chegado a uma festa que havia começado muito antes de ter sido convidada para ela.

A despeito disso, percebi que ali estava a chave para o livro. A maioria desses grupos havia se reunido justamente em torno da ideia de discutir e de encontrar caminhos relevantes e desafiadores que mantivessem seus integrantes em atividade num momento da vida em que as portas do mercado de trabalho começavam a se fechar para eles. Todos estavam ali com a ideia de se reinventar. Mas, mesmo se mostrando dispostos a abraçar a ideia, muitos hesitavam diante dela, por não se sentirem capazes de levá-la adiante ou, simplesmente, por não saberem por onde começar.

À medida que as conversas evoluíram, também ficou claro que, embora não exista nenhuma limitação à capacidade dos seniores, os fatores que os empurram para o empreendedorismo não são exatamente os mesmos que atraem os mais jovens para essa direção. Tal percepção foi reforçada pelos estudos nacionais e internacionais sobre os quais me debrucei em busca de informações. Os dados, as análises e os conceitos que brotaram tanto dessas pesquisas quanto das conversas que mantive com pessoas dessa faixa etária me mostraram que a escolha empreendedora para muitos seniores é, senão a única, a principal oportunidade que têm para se manterem profissionalmente ativos num momento em que, sendo isso justo ou não, o mercado convencional de trabalho se fecha para eles.

Em outras palavras, o sênior tem condições de empreender idênticas às de um jovem de 25 anos ou de uma pessoa madura na faixa dos 40 anos. Mas, por culpa mais dos estereótipos do que de sua capacidade, ele não consegue disputar com os mais jovens, e em condições de igualdade, uma vaga no mercado convencional. Sobretudo se essa vaga for oferecida por grandes empresas, para as quais muitos

deles trabalharam antes de alcançar a senioridade. Essa razão, por si só, já seria suficiente para mostrar a relevância da escolha empreendedora para a geração nascida em meados do século XX. Há pelo menos outras três, todas mais relacionadas à necessidade de renda ou ao desejo de se manter ativo (o que não deixa de ser um tipo de necessidade) do que à percepção de uma oportunidade a ser explorada, que costuma ser o fator que atrai os jovens para o empreendedorismo.

A escolha empreendedora na senioridade é uma forma de dar um novo encaminhamento a uma vida profissional que parecia encerrada – muitas vezes contra a vontade da pessoa. Empreender, para esse grupo, não é só sinônimo de abrir um negócio com sede, empregados e cafezinho para as visitas. Empreender, muitas vezes, nada mais é do que encontrar um norte para seguir depois de se sentir perdido no deserto da apatia e da inatividade. A vida não começa, mas recomeça aos 50.

E essa comparação com o deserto foi o que me trouxe à memória um livro que marcou não só a minha adolescência como também a vida de toda a minha geração: trata-se de O Pequeno Príncipe, do francês Antoine de Saint-Exupéry, uma das obras mais traduzidas em todo o mundo no século XX. A história é narrada por um aviador que, depois de pousar no meio do Saara, "a quilômetros e quilômetros de qualquer região habitada" (SAINT-EXU-PÉRY, 1986, p. 86), por causa de uma pane em seu avião, é abordado por um menino de outro planeta que começa a lhe fazer perguntas e a relatar sua odisseia pelo universo em busca de respostas. Dos diálogos com o principezinho surgem novos pontos de vista que ajudam o Aviador a sair da situação em que se encontrava e encontrar um poço d'água no meio do deserto – afinal, conforme disse o Pequeno Príncipe, "o que faz a beleza do deserto é que ele esconde um poço de água em algum lugar..." (p. 152) –, dando um novo sentido à sua vida.

Este livro tratará um pouco mais, é claro, dos paradigmas que devem ser quebrados para possibilitar que a saída do deserto seja como a descoberta de um poço em que a água seja "muito mais do que um alimento" (p. 155); e também pretende chegar mais longe, alcançando os paradigmas que precisam ser construídos para ocupar o lugar dos antigos, dando início, assim, a uma jornada que, com a ajuda do Pequeno Príncipe, significará uma nova forma de olhar para o céu e perceber que "todas as estrelas sorriem docemente" (p. 167).

Poços d'água no deserto: início da travessia

A humanidade nunca tratou o sênior – ou, nesse caso, o "velho" que deixou de produzir, mas continuou a demandar abrigo, alimentos e cuidados – de uma forma generosa. Nos textos e provérbios antigos, o idoso era apontado, na melhor das hipóteses, como um sábio capaz de compartilhar sua experiência, de revelar segredos e de impedir que os jovens cometessem os mesmos erros que ele; mas, de um modo geral, esse momento da vida chamado velhice, em que o peso do trabalho superava a capacidade física, era comparado a "uma doença incurável" pelo romano Sêneca, como lembra Tosi (1996), ou apresentado pelo grego Eurípedes como um momento que todos desejam alcançar, mas, quando alcançam, "se arrependem".

Por muito tempo essa parece ter sido uma visão predominante: para os antigos – e mesmo para os nem tão antigos assim –, a velhice foi mais depreciada pela senilidade que provocava do que elogiada pela sabedoria que trazia. Ou, ainda, associada a uma forma mais conservadora de encarar a vida, em que se procurava conter o ímpeto renovador dos mais jovens e manter o mundo exatamente como estava: em *Os Lusíadas*, de Camões (1864, p. 208-209), por exemplo, os navegantes que se preparavam para zarpar do cais de Belém e viajar pelos "mares nunca dantes navegados" são abordados por um "ancião de aspecto venerando", o personagem conhecido como Velho do Restelo. Descontente, ele critica "a vã cobiça dessa vaidade a quem chamamos fama" e menciona "as mortes, os perigos e as tormentas" como razões para que os jovens não se lancem ao mar em busca de novos mundos. Assim, o idoso é retratado como alguém que vivia com os olhos voltados para o passado e não para o futuro.

Palavras como essas faziam sentido não só no século XVI, quando foram escritas, como também nos quatro séculos seguintes. A situação, no entanto, assumiu uma feição completamente nova no século XXI, momento em que os seniores, em vez de advertir os jovens para os riscos das ações audaciosas, mostram que "uma força mais alta se levanta". Que força é essa? Basta olhar para o lado para ver que se trata da força deles mesmos.

Hoje, as estatísticas do IBGE já nos mostram com clareza que, ao contrário do que se dizia até os anos 1990, **o Brasil será cada vez menos um país de jovens: a população de seniores no país era de 25,4 milhões de pessoas em 2012 e, apenas cinco anos depois, em 2017, esse número já superava os 30 milhões – um crescimento de quase 20% em apenas meia década.**

Outro dado interessante: a expectativa de vida no país, que era estimada em 66 anos em 1991, chegou a quase 76 anos em 2017. Ou seja, são dez anos a mais conquistados num período relativamente curto.

Na outra ponta do gráfico, ou seja, na que mede a taxa de fecundidade, a situação é inversa: ainda de acordo com o IBGE, em 2000 a taxa era de 2,4 filhos por mulher, e em 2018 esse número havia caído para quase 1,8, com estimativas apontando para um declínio ainda maior nos anos seguintes. Num cenário em que as pessoas vivem por mais tempo e em que, simultaneamente, nasce cada vez menos gente, é de se prever que, em um futuro não muito distante, o número de seniores será maior do que o número de "juniores" no Brasil.

Diante dessa conclusão, as três principais perguntas a serem feitas são:

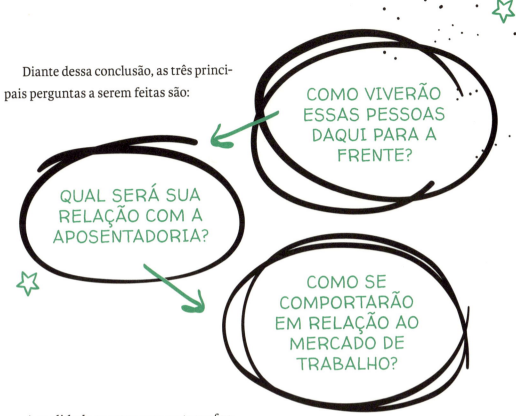

- COMO VIVERÃO ESSAS PESSOAS DAQUI PARA A FRENTE?
- QUAL SERÁ SUA RELAÇÃO COM A APOSENTADORIA?
- COMO SE COMPORTARÃO EM RELAÇÃO AO MERCADO DE TRABALHO?

A realidade mostra que as transformações que garantirão ao sênior um lugar no mercado de trabalho ainda não se processaram em sua totalidade e que, nas circunstâncias atuais, por mais que manifeste a intenção de continuar no mercado convencional, cedo ou tarde ele se dará conta de que sua presença ali não é bem-vinda. É pensando nisso que, conforme já mencionamos, surge a imagem do deserto, já que, com frequência, é assim mesmo que as pessoas se sentem quando se veem fora do mercado de trabalho nesse momento da vida.

Por mais que queiram se manter ativas, que estejam dispostas a continuar trabalhando e que, muitas vezes, ainda necessitem do salário para pagar as contas, as pessoas vão sentindo as oportunidades no mercado de trabalho convencional tornarem-se escassas à medida que se aproximam dos 50 ou 60 anos. Depois dessa idade, a "expulsão" é quase compulsória. Ocupado por jovens com novas ideias e novas habilidades, e contratados por salários geralmente inferiores aos dos seniores, o mercado convencional, com as honrosas exceções de sempre, muitas vezes se torna um ambiente hostil para o sênior.

De um modo geral, os sinais de que a mudança em breve acontecerá costumam ser dados durante um bom tempo, mas nem sempre são captados. Chega um momento, porém, em que, por mais que os alertas tenham sido claros, o sênior se surpreende com a notícia de que seu trabalho não é mais necessário para a empresa à qual se dedicou a vida inteira. É um choque terrível. A sensação, nessa hora, é parecida com a do Aviador da história do Pequeno Príncipe, no momento em que seu avião sofre uma pane sobre o Saara e pousa no meio do deserto:

"Alguma coisa tinha quebrado no motor. E como não levava comigo nem mecânico, nem passageiros, tentei fazer sozinho aquele conserto difícil. Era uma questão de vida ou morte. A água que eu tinha para beber dava para apenas oito dias". (SAINT-EXUPÉRY, 1986, p. 85)

Momentos de transição profissional, e sobretudo para quem vive esse momento na senioridade, podem perfeitamente ser comparados com a situação do Aviador: no deserto, o clima é seco e a falta de água representa uma ameaça real para a vida. A temperatura, que é demasiadamente quente durante o dia, baixa para um frio congelante durante a noite. Vazio, sujeito a tempestades de areia e silencioso na maior parte do tempo, o deserto também não é lugar de moradia. É, quando muito, um ambiente inóspito que precisa ser deixado para trás por quem pretende voltar a viver.

Na Bíblia, a travessia do deserto também está relacionada com a solidão e com o abandono. É um lugar repleto de perigos, como a fome, a sede e as serpentes. Assim, os desertos mais frequentes na vida das pessoas que ingressam nos 50 ou 60 anos podem ser, por exemplo, a aposentadoria, a demissão, o desaparecimento de sua profissão ou ainda a automação de sua função. (Podem também tomar a forma de questões pessoais, como um divórcio, a viuvez, a crise existencial, o lar vazio pela ausência dos filhos, entre outros...)

Independentemente do motivo que a tenha causado, a perda do emprego nessa fase é bem mais impactante do que seria se acontecesse nos momentos anteriores da vida e da carreira. Isso porque, nas fases anteriores, o desemprego seria lamentado, mas encarado como um prejuízo recuperável – ou seja, se a pessoa corresse atrás, certamente conseguiria um novo trabalho. Mas, na maturidade, a perda do emprego parece ter a força de uma condenação à inatividade perpétua. E o vazio que se segue a esse momento dá, sim, uma sensação de solidão, de depressão e de falta de rumo semelhante a estar perdido num deserto, afastado de qualquer pessoa e sem ter a menor ideia da direção que o levará para fora dali (se é que poderá sair).

Uma das reações frequentes diante desse tipo de mudança é a de se culpar e começar a pensar no que poderia ter sido feito de diferente para evitar que a situação acontecesse e assumisse a proporção que assumiu. A culpa, nesse caso, pode ser motivada pelo fato de não ter preservado parte do que ganhou ao longo da vida para usar em uma emergência, para investir em situações prazerosas ou para evitar a queda no padrão de vida, podendo manter na velhice o mesmo conforto e os mesmos hábitos do passado. É importante estar atento e saber lidar com esses sentimentos, não deixando que se tornem um empecilho ou algo que imobiliza as novas tentativas. Em vez disso, e a despeito de toda sua carga negativa, o reconhecimento da culpa pode disparar um gatilho com efeitos positivos: pode, por exemplo, mobilizar nossas forças e nos estimular a agir de uma forma diferente no momento em que estivermos diante da possibilidade de uma nova escolha ou no momento em que uma nova oportunidade se oferecer.

Entender as circunstâncias e se motivar para a atividade empreendedora tem a força de orientar nossas ações para o futuro.

E quem se orienta para o futuro não pode se deixar prender pela culpa e pela vergonha do que ficou no passado. Assim, a culpa e a autocobrança por se ver naquela situação difícil, por mais frequentes que sejam, não resolvem a questão – mas pelo menos indicam o comportamento mais adequado para o momento seguinte da vida, no qual também será necessário antecipar-se aos problemas para que eles não prejudiquem a trajetória empreendedora.

Na história do Pequeno Príncipe, é no meio do deserto que o Aviador se vê diante de problemas que, à primeira vista, parecem insolúveis e maiores do que parecerão mais tarde, na medida em que ele, com base em novas competências, começar a colocar em prática as providências que o tirarão dali. Por isso, reforçamos que sair de uma dificuldade pelo caminho empreendedor é possível – se não fosse, essa solução não estaria sendo buscada com sucesso por um número tão expressivo de pessoas quanto o que vem sendo demonstrado não só no Brasil, mas também em todo o mundo.

Os novos velhos

Um ponto importante a ser levado em conta é que, caso não faça parte da minoria que se preparou financeiramente para esse momento e caso não tenha acumulado até o auge produtivo de seu ciclo de vida um patrimônio capaz de mantê-lo na senioridade, o indivíduo, a menos que queira viver da caridade alheia (o que também não combina com o estilo independente dessa geração), não terá outra saída a não ser continuar trabalhando.

Nesse momento é importante lembrar que, no Brasil, o Estado tem sido, historicamente, o provedor das condições mínimas de bem-estar para quem deixa de trabalhar após atingir determinada idade e cumprir certo período de contribuição. No entanto, a elevação da média de idade da população acaba exercendo pressão sobre as contas públicas, de forma que, para a geração de brasileiros que começará a se aposentar em 2030 ou 2040, haverá menos dinheiro entrando na conta da Previdência Social do que saindo para pagar as pessoas com direito à aposentadoria. Por mais preocupante que seja essa situação, no entanto, não é esse desequilíbrio que vai nos interessar neste livro: nosso foco recai sobre outro tipo de desajuste, ou seja, a repercussão desse desequilíbrio sobre os indivíduos que trabalharam a vida inteira à espera do momento em que o sistema público de previdência viesse em seu amparo e que se verão frustrados nessa expectativa. É nesse momento que muitos se convencem de que a solução empreendedora é a única saída possível.

O cenário atual tem um aspecto que, se não elimina, pelo menos alivia os efeitos dessa injustiça: pelas características específicas de sua geração, talvez nem os próprios *baby boomers* concordassem com a ideia de desfrutar de uma aposentadoria convencional como a de seus pais. Isso porque as gerações anteriores, geralmente, levaram ao pé da letra o sentido da aposentadoria: o verbo "aposentar" tem origem no latim *pausare*, que significa "pausa" ou "descanso". Aposentadoria, portanto, significa "recolher-se para descanso" ou "recolher-se aos aposentos". Um significado que combina perfeitamente com a imagem que as pessoas tinham do aposentado até um passado muito recente – ou seja, a do sujeito que, ao deixar de trabalhar, trancava-se na própria casa, vestia o pijama e gastava as tardes diante da TV, sem mais nada para fazer além de esperar o tempo passar.

Isso não combina, certamente, com a imagem do sênior do século XXI que adotou um novo estilo de vida em relação aos "velhos" do passado. Já no fim do século XX, essa imagem – assim como o poder de consumo – da chamada "terceira idade" foi percebido pelo mercado e por instâncias públicas, que passaram a ter programas voltados para assegurar direitos e melhorar sua qualidade de vida. No entanto, as portas que se abriram para o idoso naquele momento estavam mais voltadas para a ideia de preencher seu tempo com atividades lúdicas do que para assumir algum compromisso profissional. E o sênior, embora ainda não fosse visto como alguém capaz de gerar renda, passou a ser atraído pela possibilidade de gastar consigo mesmo em vez de reservar seu dinheiro para os filhos ou alimentar a poupança dos netos. Assim, os grupos de pessoas com mais de 60 anos se puseram a viajar, sair para dançar, viver experiências com esportes de aventura e promover uma série de atividades que começaram a mostrar a nova mudança que em breve aconteceria na ponta superior da pirâmide etária.

Ou seja, essa geração demonstra um compromisso com a jovialidade: pela primeira vez na história, surge uma geração de "novos velhos" que não olha para o passado, mas para o futuro.

E o ato de olhar para a frente permite também enxergar que as mudanças que ainda estão por vir podem ser positivas para os seniores: a nova realidade demográfica, conforme atestado pelas previsões populacionais, poderá torná-los mais necessários ao mercado, visto que não haverá jovens em quantidade suficiente para dar conta de tudo. E o sênior precisa fazer parte da solução desse problema.

De qualquer forma, conviver com mudanças profissionais e com a necessidade de se adaptar a situações adversas não é novidade e muito menos é algo que deva despertar medo na geração *baby boomer*, já que, ao longo de toda sua trajetória na vida e no trabalho, essas pessoas já estiveram diante da necessidade de se adaptar a transformações que, para elas, ocorreram em uma velocidade, uma intensidade e uma variedade nunca experimentadas pelas gerações anteriores.

Trabalho e mudanças

As mudanças tiveram causas variadas, mas uma das principais ocorridas no mercado de trabalho foi, sem dúvida, a do avanço tecnológico que automatizou os ambientes profissionais a partir dos anos 1990. O computador pessoal, o telefone celular, a internet e as redes sociais, por exemplo, hoje já se tornaram tão corriqueiros que as pessoas mais jovens lidam com esses recursos como se eles sempre tivessem existido, e até se espantam com a possibilidade de um ambiente de trabalho sem eles – tanto quanto os *baby boomers* se espantavam quando ouviam, dos pais e dos avós, histórias sobre como era a vida antes da eletricidade. Mas foram os atuais seniores que presenciaram seu surgimento e tiveram de aprender a lidar com tudo isso, incorporando o computador e o celular às suas rotinas tão logo surgiram, sob pena de se verem excluídos do mercado antes mesmo de completarem os 50 ou 60 anos.

Essa modernização, assim como a evolução nos processos de gestão e os ganhos de produtividade, obrigaram muita gente a buscar uma nova carreira depois de já ter uma profissão consolidada – algo impensável para as gerações anteriores. Do mesmo modo, a globalização apressou a circulação e o intercâmbio de ideias e de pessoas pelo mundo, o que também foi uma forma de acelerar as mudanças. Isso, claro, afetou o mercado de trabalho e alterou seu perfil mais de uma vez entre a última década do século XX e as duas primeiras do século XXI. Além de reduzido em relação ao número de vagas oferecidas no passado, esse mercado ficou muito mais disputado do que era antes.

Por mais paradoxal que pareça, a geração que, na juventude, adotou a liberdade como lema e que muitas vezes precisou lutar para ampliá-la e defendê-la, também foi a que mais precisou mudar para se adaptar às próprias conquistas.

A questão é que, em nome da proteção a essa liberdade, as pessoas muitas vezes abdicaram da própria individualidade: ao contrário da geração que os sucedeu, que tem a individualidade e a exigência de respeito como um valor, os *baby boomers* sempre se agrupavam em torno de instituições encarregadas de falar por eles, uma vez que, segundo sua visão, as ideias se expressariam com mais solidez e teriam mais legitimidade se estivessem amparadas por estruturas coletivas.

Assim, os interesses e as conquistas – no trabalho ou em qualquer outro ambiente social – só teriam valor se fossem defendidos por um sindicato ou por outro tipo de associação. Para essa geração, no fim das contas, a liberdade acabava não sendo um atributo individual, mas social; e para usufruir dela as regras de convivência eram sempre estabelecidas de cima para baixo, e as pessoas precisavam obedecer a elas se quisessem participar daquele grupo. Essa visão de mundo, somada à necessidade de se adaptar a um ambiente profissional em permanente mudança, talvez ajude a explicar a relação, digamos assim, conflituosa que essa geração manteve com o trabalho ao longo de toda a carreira.

Outra explicação para isso pode ter relação com a falta de autonomia que sempre caracterizou os ambientes de trabalho, sobretudo nas grandes companhias, nas décadas finais do século XX e nos anos iniciais do século XXI: as empresas que contratavam as pessoas da geração *baby boomer* para seus quadros eram altamente hierarquizadas e tinham por hábito adotar processos de trabalho que também eram determinados "de cima para baixo", como era próprio naquele momento. A autonomia era baixíssima, e o sucesso profissional, na maioria das vezes, dependia mais da capacidade de seguir ao pé da letra os manuais de instruções do que da criatividade, da proatividade e da disposição para o trabalho em equipe – que passariam a ter importância nos anos seguintes. Assim, o ambiente de trabalho era, de modo geral, burocrático e muitas vezes desestimulante – o que, mais uma vez, e com as devidas e honrosas exceções, levava as pessoas a enxergar o trabalho como uma mera obrigação. Ou como uma tarefa que não precisava fazer sentido, mas que elas tinham de cumprir para ganhar a vida e ter recursos que bancassem os prazeres a que aspiravam e as realizações que almejavam "lá fora". Para essas pessoas, portanto, a alegria, o prazer e a felicidade eram incompatíveis com o ambiente de trabalho; como se a vida ali dentro fosse completamente distinta daquela que se abria a partir do momento em que as mulheres retocavam o batom e que os homens afrouxavam o nó da gravata antes de saírem para encontrar os amigos ou ir embora para casa.

Outra característica da forma de essa geração se relacionar com o trabalho foi o desenvolvimento de certa aversão à ideia de empreender: a opção de "trabalhar por conta própria", como se dizia no passado, era vista como um sinal de fracasso. A pessoa só escolhia esse caminho depois de não conseguir seguir um daqueles mais bem-vistos pela sociedade. Assim, um empresário não tinha uma boa imagem social, muito menos era considerado um modelo a ser seguido: no entender dos *baby boomers*, ser bem-sucedido era ser aprovado em concursos públicos – principalmente por instituições e por empresas estatais que pagavam bons salários e ofereciam chances de progressão na carreira – ou seguir profissões liberais que nunca saíram da moda, possivelmente com um emprego nas empresas privadas mais tradicionais (semelhantes àquelas em que seus pais haviam entrado como aprendizes e só deixaram como aposentados).

O resumo da ópera é mais ou menos o seguinte: os seniores da geração *baby boomer* cresceram considerando o trabalho uma atividade dissociada do prazer. Muitos também não se habituaram a atuar em equipe e, ainda por cima, sempre rejeitaram a ideia de iniciar uma empresa "do zero" por considerar essa hipótese um sinal de fracasso. Essas pessoas, no entanto, são exatamente as mesmas que, agora, têm no empreendedorismo o melhor caminho (senão o único) para suprir sua necessidade de gerar renda, de se manterem ativas e de fazer algo significativo.

Iniciando a travessia

O ritmo acelerado do mundo de hoje, à primeira vista, parece assustador e desestimulante para os seniores que precisam encontrar um novo caminho: para muitos deles, aquilo que aprenderam nos bancos da escola e aplicaram ao longo da carreira era uma norma sagrada que não podia ser mudada. Essa visão, felizmente, precisou ser descartada assim que o avião caiu no deserto – e eles logo se darão conta de que, para sair de lá, terão de desenvolver apenas uma nova capacidade. Isso mesmo, uma só: a de estar sempre aberto para novos aprendizados.

Podemos dizer que um empreendimento liderado por alguém que não possui essa capacidade tem tanta chance de sobreviver quanto uma pessoa andando sem água, sob o sol escaldante e cercada de areia por todos os lados. Sobretudo porque, como diria o Aviador ao Pequeno Príncipe, "não tem sentido sair buscando poços ao acaso na imensidão do deserto" (SAINT-EXUPÉRY, 1986, p. 152). E não tem mesmo.

A medida de sucesso de qualquer empreendimento levado adiante por essas pessoas será determinada não pelo que já fizeram, mas por sua capacidade de romper com o próprio passado e se dispor a seguir um caminho totalmente novo. A despeito de ser essa a melhor alternativa ou, em alguns casos, a única saída disponível para o sênior, ela requer bem mais do que uma simples adaptação a circunstâncias mais desafiadoras, como foi a norma para os filhos do *baby boom*: ela exige a quebra de paradigmas.

Em outras palavras, as características que garantiram seu sucesso profissional na primeira parte da carreira não são as mesmas que garantirão o êxito nessa nova jornada empreendedora. E talvez falte algo que, se o sênior já não tiver de início, terá plenas condições de desenvolver: a atitude empreendedora. Esse movimento, como veremos nos próximos capítulos, não apenas é necessário como também é perfeitamente possível.

> O deserto, com sua imensidão, pode fazer a pessoa se sentir presa, paralisada no meio da aridez e da falta de vida, e ao mesmo tempo a coloca em contato com a amplitude, com a ausência de fronteiras e de limitações, a qual traz uma noção de liberdade, onde tudo está por vir sem amarras.

A travessia, portanto, é uma etapa importante dessa jornada que conduz à realização de algum objetivo maior. E a consequência positiva dessa situação pode ser a descoberta da própria capacidade de superação e a escolha do melhor caminho a seguir dali por diante. É uma oportunidade para se descobrir, nas palavras do Pequeno Príncipe, que ali, no alto de uma duna, "alguma coisa se irradia no silêncio" (p. 152).

Larvas e borboletas: potencial de transformação

As razões que empurram o sênior em direção ao empreendedorismo, como já foi dito, raramente são desencadeadas pela busca da realização pessoal que, mais tarde, a atividade acaba proporcionando: em geral, elas surgem como resposta a alguma mudança súbita e indesejada na trajetória profissional. Embora sempre haja exceções, esse é o roteiro típico de quem se torna empreendedor como resposta a uma iniciativa alheia (isto é, do mercado), e poucos são os seniores que desejavam ser empreendedores previamente.

A distinção entre o chamado "empreendedorismo de necessidade" e o "empreendedorismo de oportunidade" foi formulada pelo Global Entrepreneurship Monitor (GEM) – um projeto conjunto do Babson College, nos Estados Unidos, e da London Business School, que desde 1999 compara o nível de empreendedorismo em alguns países. De acordo com essa metodologia, os empreendedores geralmente dão início a um negócio próprio com a finalidade de satisfazer suas necessidades de subsistência ou então com o objetivo de explorar uma oportunidade que identificaram no mercado.

Com base nessa definição, pode-se deduzir que, no caso do empreendedorismo estimulado pela oportunidade, a decisão de empreender em geral é tomada *depois* do momento em que se percebe a chance de explorar determinado nicho. Esses empreendedores seriam, então, pessoas que estavam empregadas até aquele momento e que decidem abrir mão de uma carreira (muitas vezes promissora) para abraçar essa nova oportunidade.

Já no caso do empreendedorismo por necessidade, a decisão de empreender vem *antes* da escolha de um caminho a ser seguido ou da definição do negócio que dará curso à iniciativa; ou seja, a pessoa se sente sem alternativas e, só então, empreender torna-se uma opção (possivelmente a única) para ter uma atividade remunerada.

Os seniores da geração *baby boomer* – ou melhor, as pessoas dessa geração que perderam espaço no mercado convencional de trabalho – são levados a empreender principalmente por quatro razões, todas decorrentes de algum tipo de necessidade. A primeira delas é a já mencionada intenção de se manter ativo e, assim, ter uma fonte de renda para complementar, quando é o caso, o valor irrisório da aposentadoria pública das pessoas que fizeram carreira no setor privado. Para essas pessoas, a área de atuação escolhida para empreender é menos importante do que os rendimentos que extrairão dela.

Outra necessidade comum é a do sênior que, tendo ou não um nível de renda suficiente para atender às suas necessidades materiais, busca uma atividade regular para "ter o que fazer" e se manter em contato com outras pessoas. Essa escolha na maioria das vezes está relacionada ao exercício, agora de forma autônoma, da mesma profissão em que atuava durante a fase anterior da carreira.[1]

A terceira razão para empreender (que também pode estar ou não relacionada com a necessidade de renda) é marcada pelo desejo de transformar em profissão alguma ocupação paralela, algum *hobby* ou algo em que a pessoa acredite: nesses casos, a necessidade é a de transformar em atividade remunerada algo que lhes proporcione prazer e que tenha uma relevância pessoal superior à da profissão anterior.

A quarta razão, que de um modo geral não se relaciona mais com a necessidade de realização pessoal do que de renda, está voltada para algum tipo de trabalho social, geralmente atuando em áreas como a preservação do meio ambiente, o combate à fome ou a defesa de pessoas em situação de vulnerabilidade.

Não estamos falando, aqui, das motivações que levam as pessoas a empreender – estas serão tratadas com mais profundidade mais à frente neste livro.

---

1 Segundo uma pesquisa recente feita pelo Sebrae (2017) sobre o perfil do potencial empreendedor aposentado, em que foram ouvidas, em nível nacional, mais de mil pessoas acima dos 50 anos, quase metade dos seniores entrevistados (49,7%) pretende abrir uma empresa para complementar a renda e 21,2%, para se manter ocupado.

A motivação é a força interna que nos coloca em movimento – a raiz da palavra vem justamente do latim *movere* – e que nos impulsiona a ter atitudes orientadas para a realização de determinado objetivo ou para atender a uma necessidade pessoal. Estamos falando, por enquanto, apenas das necessidades que, ao fim e ao cabo, precisam ser supridas e que são as causas primárias da decisão de empreender. De certa forma, são essas as principais circunstâncias que – ainda de acordo com o "roteiro clássico" – antecedem o momento no qual alguém que nunca cogitou essa possibilidade de repente se vê atraído pela ideia de empreender (ou é empurrado na direção dela).

Nesse ponto, destaca-se a importância de desenvolver a atitude empreendedora que mencionamos no capítulo anterior. Ela consiste essencialmente na predisposição comportamental de responder a uma demanda social com ações inovadoras e capazes de gerar transformação e riqueza. Em outras palavras, é o momento em que a intenção de realizar algo relevante se encontra com o gesto de colocar em prática algo que tenha valor para a sociedade. É, enfim, aquilo que permite que a pessoa mude sua forma de ver o mercado e de se relacionar com ele.

Esse, aliás, é um ponto importante: ao longo de toda a carreira, os profissionais dessa geração com frequência se prepararam para reagir à altura daquilo que o mercado esperava deles. Foi em nome dessa necessidade de reação a iniciativas que não estavam em suas mãos que eles escolheram suas profissões, qualificaram-se para elas e lidaram com os desafios que surgiram à sua frente. A atitude empreendedora, porém, é a força que faz o relacionamento se orientar na direção contrária: **em vez de reagir ao que o mercado lhe oferece, a pessoa é que vai ao mercado de forma propositiva para oferecer aquilo que ela sabe que tem valor, mesmo que esse valor ainda não esteja claro para os demais.**

Dito assim, parece algo que se obtém com um simples estalar de dedos – mas, feliz ou infelizmente, não é bem isso o que acontece. Para muitas pessoas dessa geração que manteve ao longo da vida um relacionamento pouco amistoso com o trabalho, a ponto de procurar apenas fora dele aquilo que lhe proporcionaria prazer, a ideia de empreender muitas vezes é associada a comportamentos que elas, no fundo, reprovam. Assim, o empresário (condição automaticamente associada à ideia do empreendedor) comumente é visto como alguém de hábitos reprováveis, decidido a enriquecer à custa da exploração do outro. Trata-se de uma imagem certamente contaminada pelos pontos de vista do passado, os quais precisam ser abandonados nesse momento de transformação.

O caminho para o desenvolvimento de uma atitude empreendedora é uma caminhada que exigirá não uma única, mas sim uma série de transformações e ressignificações de atitudes.

Que demandará também o desenvolvimento de novas habilidades e competências. E, finalmente, que envolverá um trabalho profundo em busca do autoconhecimento, o qual por vezes despertará no sênior uma sensação de incapacidade, que pode ser motivada por três premissas frequentemente ouvidas (vale dizer, todas elas falsas): a primeira, obviamente, é a de que ele está velho demais para realizar uma mudança desse porte. A segunda é a de que ele não dispõe das habilidades necessárias para responder às novas exigências do mercado e que está tarde demais para desenvolvê-las. A terceira e última é a de que empreender é um atributo próprio da juventude e que ele seria fatalmente derrotado em uma competição desse nível.

Se algum aspecto nessas premissas não for completamente falso e inócuo, ele pode perfeitamente ser mudado. Isso não significa, no entanto, que as mudanças sugeridas não possam causar algum incômodo – o qual pode ser provocado, por exemplo, pela necessidade de rompimento com o passado profissional. Isso pode sugerir que tudo o que foi feito na vida até aqui, em matéria de trabalho, não serviu para nada e que toda a jornada na primeira fase da carreira não teve a menor utilidade. Mas não é nada disso! É importante ter em mente que foi justamente o sucesso na fase anterior da carreira que colocou o sênior diante da possibilidade de uma mudança, a qual precisa ser feita para que ele continue mantendo os atributos que sempre defendeu: a liberdade, a jovialidade e a autonomia. E não podemos nos esquecer de que, a essa altura da vida, o sênior também já conta com outros dois importantes atributos: a sabedoria e a resiliência.

De qualquer forma, toda transformação profunda envolve algum grau de desconforto antes que as possibilidades que ela oferece se revelem. Afinal, como disse a Rosa para o Pequeno Príncipe, no momento em que ele se preparava para deixar seu planeta e viajar pelo universo:

"é preciso que eu suporte duas ou três larvas se quiser conhecer as borboletas. Dizem que são muito bonitas!" (SAINT-EXUPÉRY, 1986, p. 110).

Confrontando estereótipos

Como vimos, o mundo – e não só o Brasil – vive um momento de substituição dos valores e dos modelos mentais que nortearam as ideias e as ações no século XX por outros mais adequados ao século XXI. No que tange à maneira de enxergar a velhice, embora a "roupa" do passado já não sirva mais, ela ainda não foi totalmente substituída por uma nova – ou seja, os seniores muitas vezes continuam sendo percebidos como "improdutivos, "doentes", "empecilhos", enfim, como um problema social. A sociedade ainda precisa evoluir no que diz respeito ao modo de pensar e agir em relação a eles e, mais do que isso, precisa valorizar a longevidade e educar os futuros cidadãos acerca do envelhecimento.

Para começar, é importante que se revertam alguns dos estereótipos negativos em relação à velhice, inclusive na visão dos próprios seniores: essa mudança na maneira de enxergar a si mesmo e aos outros, reconhecendo as próprias capacidades, pode trazer boas oportunidades empreendedoras. A seguir, vamos rever – e desfazer – alguns desses preconceitos.

1. ENVELHECIMENTO É SINÔNIMO DE DECLÍNIO FÍSICO

Muitos ainda acreditam que a beleza e o viço se vão por completo com a juventude; que o corpo, antes forte e vigoroso, perde a forma, enfraquece e fica mais lento com o avanço do tempo, e que, por isso, o sênior não é fisicamente capaz de embarcar em novas empreitadas, sejam elas em qualquer âmbito da vida.

Embora a maioria não reconheça, o impacto da passagem do tempo sobre as condições físicas já não se dá no mesmo ritmo do passado – ou seja, a velhice de fato interfere na capacidade física e na aparência, mas nas últimas décadas os seniores ganharam aliados poderosos na luta para impedir que ela os torne menos ativos e produtivos. Os avanços da medicina (e até das correções estéticas) e a adoção de novos hábitos de vida, que incluem uma alimentação mais equilibrada, atividades físicas, tratamentos terapêuticos e até a reposição hormonal e de nutrientes, por exemplo, são aspectos que fazem com que as pessoas conservem a saúde e boa parte da potência física, mental e sexual.

2. A VELHICE É UM PESO PARA A FAMÍLIA

Em muitos casos, o que acontece é exatamente o contrário: a família é que "pesa no bolso" do sênior. Em momentos de crise e de desemprego, a renda da aposentadoria dos mais velhos muitas vezes passa a ser a principal fonte de renda familiar (quando não é a única). Mas, mesmo em momentos de normalidade econômica, o sênior do século XXI não pesa para a família, pois os "velhos" da geração *baby boomer*, de um modo geral, são muito mais independentes em relação aos filhos do que seus avós eram em relação a seus pais, e não só do ponto de vista financeiro.

A entrada da mulher no mercado de trabalho, por exemplo, teve um papel preponderante na composição da renda familiar. Isso facilitou a acumulação de patrimônio para os casais mais estruturados e contribuiu para a consolidação da independência em relação aos filhos. Outro aspecto relevante sobre este mito diz respeito à moradia: no passado, os mais velhos se mudavam para as casas dos filhos depois de determinada fase da vida, o que tem se tornado cada vez mais raro hoje em dia. Uma das primeiras afirmações de independência da geração *baby boomer* era sair da casa dos pais em busca do próprio espaço tão logo conseguiam o primeiro emprego. Hoje, já é comum os filhos jovens prolongarem enquanto podem a permanência na casa dos pais seniores – e, quando (ou se) saem, retornam para lá ao menor sinal de dificuldade.

3. A VELHICE É A HORA DE DESCANSAR

A velhice ativa é um fato irreversível: como vimos, hoje em dia as pessoas com mais de 60 anos descobriram que estar em atividade produtiva, ter participação social e desfrutar de formas mais intensas de lazer é uma garantia de bem-estar e de um aumento da qualidade de vida. Atividades específicas para sua faixa etária foram incorporadas à rotina dos seniores sob o estímulo de entidades e de grupos especializados no atendimento a essa população.

Além de produzir mudanças importantes de mentalidade, isso tem ajudado a reforçar a ideia de que lugar de velho não é no sofá, em frente ao aparelho de TV: seu lugar é, cada vez mais, no trabalho, na comunidade ou em programas que incluam encontros com os amigos, viagens e outros momentos prazerosos.

4. VELHO É SOVINA E NÃO GASTA DINHEIRO

O sênior do século XXI já não pensa mais em acumular dinheiro durante a vida e deixar uma herança que ampare a família depois de sua morte, como acontecia no passado: o dinheiro que tem guardado, quando isso acontece, pode ser utilizado em seu próprio proveito e em atividades cada vez mais sofisticadas. Ele já deixou de ser há muito tempo aquele que só sai de casa para jogar damas na praça ou ir à igreja e, ao contrário, está disposto a encontrar e a gastar com produtos e serviços que atendam a seus novos gostos. O mercado está se dando conta de que esse é um consumidor importante, que ajuda a manter aquecidos, além do setor farmacêutico, outros segmentos da economia, como os de turismo, lazer, comportamento e moda, bem como as áreas da saúde e de bem-estar – as quais inclusive já têm políticas de relacionamento específicas para os seniores.

O comércio digital também facilita o acesso a produtos com os quais o sênior se identifica. O número de agências de publicidade e institutos especializados em se comunicar com esse segmento é cada vez mais relevante e crescente.

5. IDOSO É ACOMODADO E NÃO GOSTA DE CORRER RISCOS

A vida pode não começar aos 50, como antigamente se dizia em relação aos 40 anos, mas o fato é que a senioridade se tornou a "meia-idade" produtiva do século XXI. Um reflexo disso pode ser percebido na ousadia que muitos dessa geração demonstram ao escolher as atividades de lazer: viagens para lugares exóticos ou de difícil acesso, no Brasil e no exterior; esportes como ciclismo, paraquedismo e *trekking*, *hobbies* como o motociclismo e outras alternativas do gênero são alguns dos exemplos desse "cardápio". Outro ponto importante é que o aumento da perspectiva de vida tem impulsionado muitos seniores em direção a novas decisões no campo dos relacionamentos – houve um aumento relevante no número de divórcios nessa faixa etária, e também tem sido comum o início de novos envolvimentos amorosos. (Diversas fontes demonstram que o número de divórcio entre pessoas acima de 50 anos praticamente dobrou,[2] e de 2005 a 2015, o aumento chegou a 80% entre pessoas acima de 60 anos.[3]) Esses são apenas alguns dos indícios da intenção de mudança dessas pessoas em um momento da vida no qual as gerações passadas já tinham dado sua missão por concluída.

Do mesmo modo, é crescente o número de pessoas que querem mudar de vida e que procuram, na senioridade, atividades profissionais mais prazerosas do que seguras, principalmente em comparação com as que tiveram até esse momento. A predisposição para esse tipo de risco, obviamente, é uma condição favorável ao empreendedorismo sênior. Nessa altura, as decisões de risco são tomadas mais com base no que se tem a ganhar do que naquilo que se tem a perder, como era próprio das fases anteriores.

6. A VELHICE É UM PROBLEMA SOCIOECONÔMICO

Essa afirmação é uma demonstração de preconceito tão evidente que nem precisa ser comentada de forma mais detida. Basta dizer que, além da força econômica que já representa na atualidade, a importância do sênior no mercado tende a crescer com a elevação da média etária: como lembram Michel Allard e Armelle Thibert-Daguet (2005), já que o aumento da expectativa de vida tornará o mercado mais idoso, a ocupação de postos de trabalho por pessoas com mais de 50 ou 60 anos deixará de ser uma raridade e passará a ser uma circunstância normal, imposta pela necessidade. E como a atividade empreendedora ainda contribui com os encargos, os seniores não são um problema, e sim uma solução: eles podem ser "os promotores de uma sociedade empreendedora, colocando seu capital, sua experiência e sua disponibilidade a serviço de jovens empreendedores" (ALLARD; THIBERT-DAGUET, 2005, p. 103). Estabelecendo, enfim, um novo amanhã para a atual sociedade cujo foco é salarial.

Vale lembrar que, no Brasil, a participação de empreendedores dessa faixa etária na abertura de novos negócios é de aproximadamente 10%, quase 2 milhões

---

[2] R. Filgueiras, Divórcio grisalho: por que mais casais estão se separando após os 50 anos?. **Universas**, 6-2-2019. Disponível em: https://www.uol.com.br/universa/noticias/redacao/2019/02/06/divorcio-grisalho-por-que-mais-casais-estao-se-separando-apos-os-50-anos.htm. Acesso em: 29 jul. 2019.

[3] Recomeço depois dos 60 anos, jornal **O Povo**, 6-5-2017. Disponível em: https://www.opovo.com.br/jornal/cotidiano/2017/05/recomeco-depois-dos-60-anos.html. Acesso em: 29 jul. 2019.

de pessoas acima de 55 anos, segundo os dados da pesquisa GEM do Sebrae. Antes de considerar esse percentual modesto e enxergá-lo como um obstáculo, é interessante saber também que, na pesquisa anterior sobre o tema, realizada em 2007, eles respondiam por apenas 4,9% das empresas criadas, mostrando que as iniciativas têm aumentado e que o espaço de crescimento no Brasil ainda é enorme.

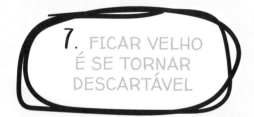

7. FICAR VELHO É SE TORNAR DESCARTÁVEL

Esse mito é uma decorrência do anterior, mas, nesse caso, o assunto merece algumas linhas de discussão a mais. O ambiente corporativo atual, como já foi dito, ainda é hostil para o sênior – o qual muitas vezes ainda é visto como alguém que, ao permanecer em atividade, ocupa o lugar (e por isso tira oportunidades) dos mais jovens.

Assim como no trabalho, muitas áreas da sociedade ainda têm o hábito de evitar a convivência com os mais velhos. O afastamento gradativo dos idosos da convivência social, como se sabe, foi um fenômeno que, estranhamente, aumentou à medida que a civilização evoluiu e as relações de trabalho em massa se consolidaram. Em várias tribos e sociedades mais antigas, e até primitivas, sobretudo naquelas em que as guerras e as condições perigosas tiravam a vida de muitos indivíduos ainda na juventude, quem chegava à velhice era visto como um sábio e também como uma raridade. Como eram poucos, cuidar dos idosos não significava um peso excessivo para "o conjunto". No entanto, essa situação foi se alterando, ao ponto de os mais velhos tornarem-se quase invisíveis quando se pensava em membros "úteis" da sociedade.

Algumas culturas, como a japonesa, seguiram na contramão dessa tendência, mas, no mundo ocidental, a presença dos seniores passou a ser uma exceção concentrada em ambientes específicos. Além disso, um ambiente que foge a essa visão excludente é o acadêmico: pesquisadores e doutores longevos passaram a assumir a frente e a ser reconhecidos por estudos inovadores nas instituições mais avançadas do mundo. Do mesmo modo, em muitas empresas a experiência dos executivos mais velhos, que tiveram destaque na carreira, passou a servir de referência para a reorganização de seus ambientes corporativos.

A possibilidade de associação com pessoas das novas gerações também ajudou a tornar os idosos mais visíveis na sociedade e no mercado. Como lembra Minayo (2006), desde a virada do século os seniores passaram a compartilhar a mesa e o conhecimento com os mais jovens, uma cena que se tornará cada vez mais comum daqui por diante.

8. VELHO NÃO APRENDE MAIS

Existe um mito consolidado em muitas culturas de que a idade é um fator que limita a possibilidade de novas aprendizagens. "Não se ensinam truques novos a cachorro velho", aponta o ditado popular. Essa visão, que por si só é preconceituosa, torna-se especialmente prejudicial quando o próprio sênior se considera incapaz de ampliar seu conhecimento e de acrescentar novas habilidades e competências a seu repertório.

Entretanto, não existe nenhuma evidência científica de que depois de "certa idade" é impossível aprender ou expandir o próprio conhecimento. Muito ao contrário: diversas pesquisas comprovam que pessoas maduras são perfeitamente capazes de assimilar novas habilidades e de assumir uma nova atitude. Algumas funções cognitivas podem até sofrer certas limitações com o tempo, mas a capacidade de aprendizado não diminui. Inclusive, estudos recentes sobre longevidade identificaram seniores com mais de 80 anos – os denominados "superidosos" – como indivíduos muito produtivos, criativos e com atuações positivas em sua comunidade. Isso os leva a prosperar em novos ambientes, onde a sabedoria que se desenvolve com a experiência serve de alicerce para novos projetos. A idade de fato não importa.

Esses foram apenas alguns exemplos de como os *baby boomers* inauguraram uma "nova velhice". Não nos esqueçamos de que essa geração, na primeira oportunidade que teve para se expressar socialmente, entre o fim dos anos 1960 e início dos anos 1970, disse que não confiava em "ninguém com mais de 30 anos" (como afirma a música de Marcos Valle): isso pode parecer apenas uma bandeira sem nenhum significado prático, mas, na realidade, é a sinalização de uma conduta permanente – isto é, ela foi a primeira geração que, de forma deliberada e coletiva, decidiu e conseguiu prolongar a própria juventude. Em muitos casos, os seniores frequentam academias de ginástica, usam roupas das mesmas grifes (e até dos mesmos modelos) usados pelos filhos de 30 anos; mantêm-se informados sobre os mesmos assuntos e assistem aos mesmos filmes que os mais novos; enfim, nutrem uma vida social ativa e não abrem mão dos prazeres que, antes, pareciam exclusivos dos jovens. Então, para quem ainda não começou essa transformação, valorizar a senioridade e vivê-la da melhor forma (cada um a seu modo), com todas as novas perspectivas que ela tem a oferecer, é uma atitude mais do que urgente e necessária.

Por fim, é preciso ter clareza de que chegar a esse momento em que a mudança se impõe como necessária não significa derrota. Significa, ao contrário, que a etapa anterior foi cumprida com sucesso e exige muita comemoração. Afinal, pela primeira vez na história, uma geração inteira completa a primeira fase da vida profissional e ainda tem forças para "se manter na raia".

Nessa altura da vida, as gerações anteriores se punham a olhar para trás e a imaginar que toda sua capacidade de trabalho tinha ficado no passado e não se mostravam dispostas a se lançar a novos desafios. Achavam que seu tempo profissional estava esgotado e que o mundo era dos jovens. A geração retratada neste livro, no entanto, se vê nesse momento em condição de olhar para a frente e dar início a uma nova jornada. É como se o Velho do Restelo, da obra de Camões, em vez de ficar na praia alertando os navegantes para os riscos da jornada, estivesse disposto a também embarcar num navio e fazer "mais do que prometia a força humana".

O sucesso alcançado na primeira etapa da vida profissional é, sem dúvida, uma referência da nossa capacidade de realização, mas é uma etapa finalizada, que se encerra no momento em que o avião que pilotávamos não se sustenta no ar, cai no deserto e nos deixa na obrigação de, além de encontrar uma saída, achar um poço d'agua que garanta nossa salvação. E só é possível encontrar o poço se nos desprendermos da nossa bagagem anterior e sair numa busca de novos sinais que, na maioria das vezes, desconhecemos. Precisamos, também, ficar de olhos abertos, mesmo com as areias do deserto nos incomodando, e enfrentar algumas lagartas para finalmente enxergar a beleza das borboletas e a presença do Pequeno Príncipe, que é quem nos guiará ao encontro do poço d'água.

Jiboias e elefantes: autoconhecimento e sonhos adormecidos

Um dos momentos mais importantes da jornada que conduz à saída do deserto é aquele em que o sênior passa a acreditar que suas possibilidades de atuação não se esgotaram e que é possível encontrar uma nova atividade ou profissão – e, principalmente, que uma mudança de rumo nessa altura da vida não significa o insucesso da primeira etapa da jornada. Significa, ao contrário, uma vitória importante. Afinal, a oportunidade de assimilar novos conceitos, de aperfeiçoar as próprias habilidades, de desenvolver ferramentas mais eficientes para lidar com o mercado e de encontrar novas utilidades para aquilo que se sabe e gosta de fazer são ações voltadas para o futuro. E quem tem o futuro em mente não pode se deixar prender por situações que o amarram ao passado e o impedem de fazer as próprias escolhas.

É preciso, portanto, romper a inércia e descobrir possibilidades ainda não exploradas. E a primeira ferramenta necessária no início dessa viagem, por incrível que possa parecer, não é necessariamente a motivação – que também é importante, mas talvez ainda precise ser descoberta. Quem se motiva a agir sem saber em que direção pretende seguir ou sem ter ideia das adversidades que poderá encontrar pela frente corre o risco de vagar pelo deserto sem nunca encontrar a saída. Em vez disso, **o principal recurso a ser empregado no momento inicial da caminhada é a tomada de consciência a respeito de si mesmo.** É por meio dela que se escolhe o caminho a ser percorrido. Só depois dessa descoberta é que a motivação entra em cena como o ingrediente importante que animará a caminhada.

Os números que (não) importam

Ao recordar seu encontro com o Pequeno Príncipe, o Aviador fala do espanto que sentiu ao se ver diante do menino que, depois da primeira noite após a queda no deserto, acordou-o pedindo que desenhasse um carneiro. Começa ali um diálogo que levará o Aviador a se dar conta de que as pessoas acham que conhecem alguém quando sabem aquilo que se pode medir com números: "Qual a idade dele? Quantos irmãos tem? Quanto pesa? Quanto ganha seu pai?" (SAINT-EXUPÉRY, 1986, p. 93). Essas informações, em lugar de revelar, na verdade só ajudam a esconder o que a pessoa é de fato – para conhecer alguém, na visão do Príncipe, o importante é saber as brincadeiras que prefere ou se ele gosta de borboletas. "Nós que compreendemos a vida estamos pouco ligando para os números" (p. 94).

O raciocínio não precisava ser mais claro: os números, nesse caso, nada mais são do que uma ordem de grandeza que nunca revela aquilo que a pessoa é. A idade, por exemplo, é uma medida que indica quantos anos a pessoa já viveu, mas que nada diz sobre o essencial: ou seja, sobre as crenças que ela desenvolveu, os gostos, as características, as habilidades e tudo aquilo que guiará seu relacionamento com as outras pessoas, com o mundo e – muitos se esquecem disso – consigo mesma.

O problema é que, muitas vezes, nem nós mesmos nos preocupamos com aquilo que somos, e esse conhecimento é essencial para tomar as decisões que orientarão nossa caminhada. Quando estamos perdidos no deserto, existe apenas uma pessoa a quem podemos recorrer para nos revelar aquilo que realmente somos: nós mesmos. Nesse momento é necessário se desprender das aparências, das definições dadas pelos outros e dos números que "medem" um desempenho social que, neste momento, não têm o menor valor. É preciso fazer uma viagem interna, sem testemunhas ou companheiros que orientem a caminhada ou julguem as descobertas. Uma viagem que leve a conhecer aquilo que é essencial: nosso EU. Embora isso não conste em muitos "manuais", o autoconhecimento é importantíssimo para a jornada empreendedora.

Individual × coletivo

Identidade, para muita gente, sempre foi um detalhe formal, como um número de documento, uma referência jurídica, um sobrenome corporativo ou qualquer outra circunstância que retrata a pessoa sem revelar quem de fato ela é. Isso é justamente o oposto da ideia de identidade que estamos apresentando aqui. O que nos interessa são os fatores subjetivos que determinam as características pessoais, o jeito de ser, e que distinguem cada indivíduo como único, ainda que ele esteja integrado a um grupo social com o qual se identifica.

A identidade é entendida também como uma categoria psicossocial – ou seja, ela não é algo estático, como um número que acompanhará a pessoa ao longo de toda a vida, mas sim algo que sofre o efeito de fatores externos e que, portanto, pode variar sempre.

Para as pessoas da geração *baby boomer*, que se habituaram a considerar como suas as características dos grupos com os quais se identificam, esse trabalho de definir a própria identidade tende a demandar uma dose maior de esforço, mas ele é necessário. Isso porque muitas pessoas dessa geração foram educadas para agir de acordo com padrões socialmente definidos: elas podem ter se esforçado para concluir cursos e adquirir certificados, computar anos de trabalho numa mesma empresa, fazer uma poupança e conquistar a casa própria, etc., guiando-se pelos números que, na visão de sua época, eram a medida da competência e do sucesso. Assim, os seniores da geração *baby boomer* podem ter sido habituados a responder a estímulos que se manifestavam "de fora para dentro", tanto na vida em sociedade quanto no ambiente de trabalho. Foram habituados a seguir manuais e a se comportar de acordo com o que se esperava do ocupante de determinado cargo ou das funções profissionais das carreiras que abraçaram, e o mesmo padrão que estabelecia as regras no ambiente de trabalho valia para a vida pessoal ou familiar: havia papéis definidos para a esposa, para o marido, o amigo, o vizinho e assim por diante.

Nisso pode estar a chave de um problema: quem precisa agir de acordo com aquilo que é definido e esperado externamente não precisa se autoconhecer, e sim se adaptar. Em contrapartida, essas mesmas pessoas podem ter sido frugais em relação ao autoconhecimento e aos próprios sonhos, paixões, valores, desejos, enfim, a tudo aquilo que diz respeito à dimensão individual.

É comum que os membros de um grupo pensem e ajam de forma semelhante, fortalecendo desejos e estilos de vida validados socialmente; mas, ainda assim, cada um deles é único. A construção da identidade pessoal é resultado da soma de elementos internos e experiências particulares com as especificidades culturais e históricas do grupo ao qual se pertence. Ter visto a chegada do homem à Lua, ter participado dos comícios pelas Diretas Já ou ter sobrevivido no Brasil no momento da hiperinflação são circunstâncias vividas coletivamente e que influenciaram as identidades de muitas pessoas; mas também afetaram cada uma delas de forma específica. O que nos interessa, neste momento, são os fatores subjetivos que determinam as características pessoais, o jeito de ser que distingue cada indivíduo como único, ainda que ele esteja integrado a um grupo social com o qual se identifica.

A verdade é que, como consequência de mudanças provocadas pelos caminhos que essa mesma geração e que as gerações seguintes desbravaram – como o da valorização da liberdade individual e da liberdade de expressão, por exemplo –, os padrões sociais acabaram se tornando menos rígidos com o passar do tempo, e os papéis profissionais também passaram a ser guiados por novos tipos de relação. Hoje existe uma nova organização de trabalho, com novas funções, novas profissões e muitas vezes até uma forma mais espontânea de se relacionar com os clientes, com os fornecedores e com o próprio mercado. De qualquer forma, nesse novo cenário ninguém chega a lugar algum nem prospera profissionalmente sem conseguir responder perguntas sobre seu trabalho que já foram feitas anteriormente e que podem ter sido tratadas de forma superficial: Quem sou eu? O que quero? O que me faz feliz?

São perguntas aparentemente simples, quase banais, mas que as pessoas raramente estão prontas para responder ao longo da vida. Elas parecem estar na ponta da língua de qualquer um, mas ninguém que se dispõe a respondê-las com sinceridade chega a um resultado satisfatório na primeira, na segunda ou na terceira tentativas. Quando se chega ao cerne da questão, no entanto, a resposta se torna a chave mestra, que abrirá as portas que permitirão aproveitar esse novo momento. E isso só se consegue com o autoconhecimento.

Jiboias e elefantes

A infância é considerada a fase da vida em que a imaginação é mais fértil e em que o ser humano manifesta com mais intensidade sua capacidade de sonhar. Para as crianças, é normal desejar coisas distantes de seu mundo e criar possibilidades imaginárias de futuro sem nenhuma base de realidade e sem levar em conta os recursos que se farão necessários para sua realização.

É com a descrição de seu sonho infantil que o Aviador, já adulto, começa a narrar a história do Pequeno Príncipe: ele relembra que, aos seis anos, sonhava em ser desenhista, e que sua primeira obra foi o desenho de uma cobra que engoliu um elefante – conforme havia aprendido em um livro sobre a vida na selva. Concluído o trabalho, foi mostrá-lo aos adultos, sempre perguntando se eles sentiam medo diante daquela figura que, para ele, era assustadora.

Todos lhe respondiam, no entanto, que ele tinha desenhado um chapéu e perguntavam como aquilo poderia causar medo em alguém. Para que os adultos conseguissem perceber o que ele havia desenhado, o menino resolveu mostrar o interior da cobra e a imagem do elefante sendo digerido pela jiboia.

Os adultos, então, o aconselharam a "deixar de lado os desenhos de jiboias abertas ou fechadas" e interessar-se, em vez disso, "pela geografia, pela história, pela aritmética e pela gramática" (SAINT-EXUPÉRY, 1986, p. 84). Foi assim que, desencorajado pelos adultos, ele acabou tendo de escolher outra profissão e foi pilotar aviões.

Pela visão predominante na cultura ocidental, o sonho é algo que se opõe à possibilidade de realização de algum projeto: o sonhador é alguém que fica paralisado à espera de um mundo ideal enquanto, a seu lado, outros se esforçam para alcançar o sucesso com as condições que encontram pela frente. Sendo assim, sonhar é um hábito pouco valorizado em uma sociedade que optou pela racionalidade e que vive em busca de explicações lógicas para tudo.

Essa imagem não seria tão negativa se as pessoas se dessem conta de que o sonho é o passo inicial para qualquer projeto. Só será um realizador aquele que for capaz de imaginar algo maior ou diferente para si, para sua comunidade, para toda a sociedade ou para o mundo. Ou seja, aquele que for capaz de sonhar.

É fato que, na infância, muitos sonham em ser artistas, astronautas, atletas, bailarinas, bombeiros ou em seguir qualquer outra carreira que lhes dê visibilidade e protagonismo, rendendo mais magia e desejos do que sucesso financeiro. No entanto, conforme crescem, muitas dessas pessoas são colocadas diante de um roteiro de sucesso e de "normalidade" que as afasta desses sonhos. No caso dos *baby boomers*, como já dissemos, a normalidade consistia principalmente em obter um diploma ou ser aprovado em um concurso público – que abrisse as portas para uma carreira capaz de oferecer segurança e, se possível, prestígio –, casar-se mais ou menos aos 25 anos e ter filhos; de forma que muitos trocaram o sonho da infância pelo da aposentadoria que lhes permitiria aproveitar a vida na velhice.

Sem entrar no mérito da felicidade e da realização que esse caminho pode de fato ter proporcionado a quem cumpriu todos os passos da jornada, em muitos casos o sucesso nessa trajetória pode ter significado deixar alguns sonhos pelo caminho: assim como o Aviador, muitos abandonaram o desenhista, o aventureiro ou o herói que gostariam de ter sido na infância – mas que podem trazer de volta nesse momento especial da vida.

Como afirmam Cerisier e Lacroix (2013, p. 213), a escritora australiana Pamela Lindon Travers, em uma resenha que escreveu para o *New York Herald Tribune* logo depois do lançamento do livro nos Estados Unidos, em 1943, definiu bem a importância desse momento: "Não podemos dar marcha à ré e voltar a ser crianças. Somos velhos demais agora e temos de permanecer no estado em que nos encontramos. Mas talvez exista um meio de recuperar o mundo da infância. Ou melhor, de fazer reviver em nós a criança que um dia fomos, de modo a reconsiderar as coisas com os olhos da inocência".

Este é o ponto: o sonho abandonado não é, necessariamente, uma imagem caricata. E o caminho do autoconhecimento pode muito bem começar por aí: que sonho não foi realizado? Que ideias o sênior deixou na infância e poderiam ser trazidas de volta neste momento?

O sonhador é um dos papéis mais importantes para uma carreira empreendedora. Segundo Gerber (2010, p. 32), o empreendedor é um inventor de empresas, de produtos exclusivos, que inventa o que está faltando em seu mundo, e o sonho é que o coloca "no topo da montanha da imaginação" para criar o que não existe, o impossível. Segundo Dolabela (2003, p. 43), que criou a teoria empreendedora dos sonhos, existem três elementos capazes de ajudar a recuperar ou criar sonhos que sejam significativos para o empreendedorismo: primeiro, é necessário que eles tenham congruência com o seu eu; depois, que produzam valores úteis à comunidade e, por fim, que gerem emoções intensas para realização.

Viajar pelo espaço aos 60 anos não é algo que dependa apenas da decisão do "candidato a cosmonauta"; mas pode, certamente, indicar possibilidades, apontar caminhos e colocar a pessoa novamente em contato com um sentimento que as crianças carregam e que muitos adultos recriminam (ou reprimem): a generosidade que as leva a compartilhar com os que estão à sua volta aquilo que têm de melhor e mais valioso. Nesse sentido, Gerber (2010, p. 59) considera que o verdadeiro sonho empreendedor é aquele que o autor chama de sonho impessoal, quando, em um ato de criatividade, tem-se uma "visão súbita" de algo que precisa ser consertado, alterado, reinventado ou transformado, e o empreendedor "se importa em criá-la por causa do impacto que pode ter sobre alguém. O sonho empreendedor está sempre relacionado a outras pessoas".

Às vezes utilizamos o substantivo "sonho" para nos referir a projetos de difícil realização, que trazem embutidos a grandeza do desafio que significa colocá-los em prática. É preciso, neste momento, não confundir uma coisa com a outra. Sonho e objetivo não são sinônimos: o poder de voar, por exemplo, foi um sonho para a humanidade durante milênios e permaneceu assim até que a possibilidade de construir balões e aviões pôde transformá-lo em objetivo. Portanto, é no sonho que surgem as imagens que dão forma e conteúdo às nossas vontades.

Além de significar a atividade cerebral durante o sono, ou seja, a realidade virtual que se manifesta enquanto dormimos, sonho também se refere aos devaneios, às cenas imaginárias e às situações aleatórias que se manifestam quando estamos despertos. Ele normalmente surge nos momentos em que nos deparamos com problemas que precisamos resolver ou com um desejo que pretendemos satisfazer – mas que, por não termos a noção do melhor caminho a seguir, imaginamos uma saída mágica que nos livre do problema num piscar de olhos. É nessa hora que a imaginação nos faz antever situações idealizadas e nos causa a sensação de que o obstáculo já foi superado ou de que o desejo já foi satisfeito. A partir do momento em que, por meio da linguagem, conseguimos descrever as cenas, as situações ou os objetos que idealizamos e eles começam a fazer sentido, o sonho começa a mudar de categoria. É nessa hora que ele começa a ganhar concretude e a se transformar em projeto. O sonhador pode, então, mobilizar sua força, seus talentos e suas habilidades para transformá-lo em algo concreto e passar a ser um realizador. Para Dolabela (2003, p. 38), "é empreendedor, em qualquer área, alguém que sonha e busca transformar seu sonho em realidade".

Quais são suas habilidades?

Diante dos desafios e das possibilidades de escolha que surgirão no caminho do empreendedor sênior – os quais, como vimos, podem surgir a partir dos sonhos "adormecidos" que são despertos nessa nova etapa da vida –, muitas vezes as atitudes e as características pessoais de cada um serão mais importantes na jornada do que o currículo, o patrimônio e o tamanho da reserva financeira.

No entanto, as habilidades que dominamos às vezes estão tão arraigadas e naturalizadas na nossa forma de agir que nem sempre as enxergamos como recursos extraordinários. Por outro lado, também costumamos olhar com desdém para habilidades que reconhecemos nos outros, mas não dominamos – como se o fato de não fazerem parte de nosso repertório comprometesse sua eficácia. Assim, a facilidade para conquistar a confiança que leva a estabelecer relacionamentos profissionais sólidos, a capacidade de se expressar em público, o poder de argumentação, a atenção para os detalhes e a acuidade para analisar os cenários à nossa volta, para citar alguns exemplos, são características nas quais nem sempre reparamos, pois tendemos a considerá-las parte natural de nosso repertório, se as temos, ou a enxergá-las como detalhes menos importantes, se não as temos.

Por isso, buscar autoconhecimento exige uma atenção especial e, sobretudo, sinceridade consigo mesmo. É importante, nesse momento, fazer um esforço para *identificar as características e os comportamentos marcantes na sua forma de agir, tornando-se capaz não só de (re)conhecer os próprios limites mas também de descobrir as próprias potencialidades* – enfim, de aprender a discernir a extensão do próprio passo, até para que se possa ampliá-la, se for o caso.

Como lembra Vilaseca (2013), se ficamos muito tempo sem olhar para nosso interior e sem procurar saber quem realmente somos, na hora de buscar o autoconhecimento é comum sentir o mesmo medo que experienciamos ao entrar em uma sala escura. No entanto, quando vencemos nossas próprias resistências e entramos na sala, nossos olhos logo se habituam com a escuridão e começam a identificar os obstáculos, a reconhecer os caminhos desimpedidos e, portanto, a ampliar nossa percepção, de modo que pouco a pouco passamos a dominar o ambiente. Assim também será com o autoconhecimento: **ao dedicar um tempo para olhar para nós mesmos, ainda que o começo pareça assustador, a caminhada logo nos mostrará quem somos de verdade.**

A autoconfiança em relação a nosso repertório pessoal é um atributo que se revela com o autoconhecimento e que, certamente, é o ponteiro mais preciso da bússola que orienta a decisão nesse momento de empreender. Uma vez reconhecidas e validadas, nossas capacidades podem ser extremamente úteis e fazer a diferença para definir o caminho que seguiremos nessa nova etapa da vida profissional.

Da mesma forma, os *hobbies* e as atividades que exercemos por prazer e que sempre tratamos como uma atividade acessória, que tinha por finalidade exclusiva aliviar a canseira do trabalho, podem se converter em uma nova carreira. Assim, o gosto pelas plantas e pela jardinagem, o conhecimento de idiomas, a familiaridade com os vinhos, o amor pela cozinha, a destreza manual, a paixão por sapatos ou a identificação com algum lugar, para citar alguns exemplos, oferecem possibilidades que, na visão mais atualizada de empreendedorismo, podem se traduzir em boas oportunidades.

Outro caminho eficaz para se chegar ao autoconhecimento é o da experimentação: assim como ninguém deve afirmar que vai sentir medo ao viajar de avião sem nunca ter experienciado, também só saberá se é competitivo se participar de um torneio ou da disputa por um título, por exemplo. Muitas pessoas evitam enfrentar determinados obstáculos por se acharem incapazes de transpô-los, ou ficam paralisadas diante do desconhecido por não saber como reagirão; porém, considerar-se incapaz de realizar determinada tarefa antes mesmo de tentar executá-la é algo que distancia as pessoas do verdadeiro conhecimento de si. Quando se arriscam a entrar na situação, elas podem se surpreender ao perceber que aquilo que lhes causava medo era um obstáculo perfeitamente transponível e que agora ele é parte de sua bagagem.

Mais velhos, mais ousados e mais sábios

Além das características e potencialidades individuais, os empreendedores seniores em geral ainda contam com uma característica positiva em comum, que é a experiência adquirida ao longo da vida e, em especial, na jornada profissional.

A expressão "tsunami prata", que alude à coloração natural que os cabelos adquirem com o passar do tempo, vem sendo cada vez mais utilizada para se referir à chegada definitiva desses seniores ao mercado de trabalho, tanto como força empreendedora quanto consumidora. Segundo Elizabeth Isele (2018, s/p), fundadora do Global Institute for Experienced Entrepreneurship – uma instituição americana voltada para a promoção do empreendedorismo entre os seniores (as pessoas "experientes", como ela gosta de se referir a esse grupo) –, "a onda etária não é um tsunami prata. Ela é um revestimento de prata produzindo dividendos de ouro". Isso porque justamente a experiência é um dos grandes diferenciais desses empreendedores, que são "mais velhos, mais ousados e mais sábios".

Impressões como essas vêm se consolidando e, em várias partes do mundo, foram postas no centro de projetos cuja preocupação maior é buscar soluções para a retomada do crescimento da economia como um todo. No Japão, por exemplo, em 2012, um terço dos empreendedores japoneses tinha mais de 60 anos. Como afirma Isele (2018), quando Shinzo Abe se tornou primeiro-ministro, prometeu tornar o país uma "potência empreendedora". Assim, criou o programa "Agenomics", destinado a aproveitar os conhecimentos, as habilidades e os recursos de pessoas dessa faixa etária num dos países em que a participação dos seniores na população geral é uma das mais expressivas do mundo. Dessa forma, o governo japonês, entre outras iniciativas, apoiou a criação de institutos e centros universitários, incubadoras e espaços de *coworking*, além de estimular programas financeiros destinados a apoiar os empreendedores seniores.

Os pesquisadores britânicos Ron Botham e Andrew Graves (2009, p. 22-23) também apontaram, para a surpresa dos que ainda consideram os seniores mais conservadores do que os jovens, que os empreendedores com mais de 50 anos são, em geral, "menos propensos a se preocupar com riscos, experiência ou vida familiar do que os fundadores mais jovens". Isso não significa, no entanto, que eles sejam menos preparados e se lancem a aventuras inconsequentes, pois têm como vantagens mais experiência empresarial e alternativas de fonte de renda.

Os negócios iniciados por esse grupo também podem ser considerados iniciativas destinadas a ampliar as oportunidades de mercado, tanto para pessoas da mesma faixa etária como para os mais jovens: a experiência e a disponibilidade financeira, entre outros fatores, muitas vezes permitem que o sênior atue em áreas que estão fora do alcance e da competência dos mais jovens – como a possibilidade de atuar como investidores, por exemplo, ou de realizar atividades de suporte a outros negócios, muitas vezes em parceria com empreendedores de outras gerações. Eles podem, ainda, transformar a própria experiência em empreendimento e realizar

trabalhos de *coaching* e *mentoring*. A lista, como se vê, é extensa e permite conclusões como a dos autores de um relatório sobre o tema elaborado pela Fundação AEP, a agência de empreendedorismo de Portugal, para quem o empreendedorismo sênior, acima de tudo, constitui uma atitude.[1]

Uma atitude que começa com a percepção de que, ainda que a sabedoria seja seu grande diferencial, há uma série de habilidades e competências importantes no convívio com o mercado do século XXI que ele talvez ainda não domine. A boa notícia é que isso, em vez de ser um ponto fraco, também pode se tornar uma vantagem competitiva para o sênior; isto é, a experiência que ele tem pode ser compartilhada com o jovem, mas continuará sendo um atributo seu, enquanto as habilidades e competências podem ser desenvolvidas por qualquer um, em qualquer momento da vida profissional. Ou seja: a experiência não pode ser transferida para o jovem, mas as novas habilidades estão perfeitamente ao alcance do sênior.

---

[1] Gabriela Costa, **O empreendedorismo sénior é uma atitude**, 14-12-2017. Disponível em: https://www.ver.pt/o-empreendedorismo-senior-e-uma-atitude/. Acesso em: 29 jul. 2019.

Valorizar as habilidades sobre as quais se tem domínio e passar a utilizá-las de uma forma mais eficiente e alinhada aos novos propósitos, como tem sido defendido aqui, é perfeitamente possível. Naturalmente, isso não exclui a possibilidade e muito menos a necessidade de se identificar novas ferramentas e aprender a utilizá-las em seu próprio benefício. Qualquer que seja o caso – ou seja, tanto para as habilidades antigas quanto para as novas –, a requalificação profissional é uma etapa importante nessa trajetória. Sem ela, ferramentas que foram extremamente úteis no passado podem se mostrar ineficazes no século XXI. Por isso, no próximo capítulo falaremos um pouco mais sobre a reciclagem de alguns hábitos e conceitos, que, assim como a retomada dos sonhos e de seu potencial de ação, pode ser essencial para a nova trajetória do empreendedor sênior.

Rosas e baobás: cultivar o essencial

Sob o solo do planeta em que o Pequeno Príncipe vivia, havia sementes que todos os dias germinavam. No entanto, só depois que elas brotavam era possível identificá-las e separar as boas, que davam origem às flores, das ruins, que geravam os baobás. As primeiras, sobretudo as de roseiras, precisavam ser cuidadas e protegidas; as demais precisavam ser extirpadas para que não crescessem e dominassem todo o ambiente. "É um trabalho chato, mas de fácil execução" (SAINT-EXUPÉRY, 1986, p. 98), disse o Pequeno Príncipe ao Aviador.

De um modo semelhante, nossos "planetas" pessoais às vezes se veem dominados por maneiras de ver e lidar com o mundo que devem ser eliminadas a fim de abrir espaço para novas habilidades e talentos adormecidos. Os baobás do nosso mundo profissional podem ser atitudes ou pensamentos negativos; situações que nos prendem a hábitos e funções dos quais não gostamos, que nos incomodam e aborrecem, mas das quais não conseguimos nos livrar; rotinas e manias que repetimos com insistência, mantendo-as ativas mesmo depois de perceber que deixaram de produzir efeitos ou de fazer sentido; e até habilidades e crenças que um dia foram importantes, mas que não se mostram mais necessárias.

As sementes que dão origem a essas árvores ameaçadoras podem ter sido plantadas por nós mesmos, em uma ação de autossabotagem que não só impede nossas rosas de surgirem e se desenvolverem como também pode nos tornar amargos, chatos e inflexíveis, e até nos afastar das pessoas. Sejam quais forem os motivos, os baobás dispersam nossa energia vital e dominam o ambiente, tolhem nossa criatividade, embotam nossa visão e não permitem que reconheçamos nossas próprias potencialidades, bem como as oportunidades que se colocam à nossa frente.

"Se ninguém percebe que aquilo são baobás, não consegue se livrar deles" (p. 97), já dizia o Príncipe. Por isso, em momentos importantes de mudança, é fundamental (para não dizer obrigatório) parar para refletir e *identificar, entre nossas características pessoais, aquelas que são rosas e aquelas que funcionam como baobás – alguns dos quais germinaram há muito tempo e, por descuido ou desconhecimento, acabamos permitindo que crescessem sem nos darmos conta do quanto poderiam prejudicar nossa evolução pessoal e profissional.*

Nem sempre é tão simples, porém, fazer essa distinção e mesmo conseguir deixar para trás hábitos e certezas construídos e mantidos por tanto tempo. É como aquela roupa que deixamos guardada no armário por anos e, quando nos lembramos de tirá-la de lá, percebemos que já não cabe mais em nosso corpo ou ficou tão fora de moda que achamos inconveniente vesti-la; mas, como ela foi importante ou marcou algum momento significativo de nossa vida, penduramos novamente no cabide e a devolvemos ao armário à espera do dia em que uma dieta faça com que nos sirva de novo ou que a moda volte e a torne atual outra vez... Ora, se livrar-se de uma roupa já não é fácil, o que dizer, então, das ideias e dos conceitos que um dia orientaram nossos passos e que, aparentemente, são "inofensivos"?

A disciplina e o autoconhecimento são recursos indispensáveis para identificar o que de fato é essencial daquilo que guardamos por simples apego ou por achar que um dia voltaremos a usar. Essa busca dentro de nós mesmos e em nossa prática diária nos leva a descobrir aquilo que valorizamos e de que gostamos, e aquilo que, mesmo não gostando, insistimos em ser e fazer por convenção ou por pressão social.

O consultor inglês Greg McKeown (2015), em seu livro *Essencialismo*, lista cinco perguntas básicas para ajudar nessa tarefa de recompor nossa bagagem profissional. Tais perguntas, na verdade, são critérios considerados essenciais no processo que antecede o descarte daquilo que não precisamos continuar carregando. São elas:

1. O QUE PRECISO DESCARTAR?
2. DE QUE PRECISO DESAPEGAR?
3. O QUE PRECISO REDUZIR?
4. O QUE PRECISO DELEGAR?
5. DE QUEM EU PRECISO ME AFASTAR?

Quem respondê-las com sinceridade dará mais um passo em direção ao autoconhecimento e estará no caminho certo para encontrar seu poço d'água no deserto.

Desapegando da bagagem

Como as pessoas são diferentes, cada uma reagirá de uma forma a esse processo, isto é, com maior ou menor apego à bagagem do passado. Uma reação comum de quem se vê diante da dificuldade de mudar é jogar a culpa nas costas da situação que acarretou a mudança – ou seja, do "deserto", afinal, foi ele quem criou as condições difíceis que tornaram ineficazes todos os recursos que, no passado, livraram a pessoa de possíveis "perigos". É como alguém que tropeça em uma pedra e coloca nela a culpa pelo tombo – e não na própria desatenção ou inabilidade ao caminhar.

Assim, é comum atribuirmos os fracassos e a falta de alternativas a fatores externos – e de fato estes podem ter algum peso, porém a escolha de como agir é pessoal:

temos que nos dar conta de que, na maioria das vezes, nossa própria maneira de encarar os obstáculos é que os transforma em barreiras intransponíveis. Para Vilaseca (2013, p. 85), é como se fôssemos "escravos de nossas reações emocionais" ou "vítimas de nossas próprias circunstâncias". Ter consciência disso é o primeiro passo para deixarmos de ser reativos e começarmos a agir de forma proativa nas mudanças que desejamos.

É aí que precisamos olhar para nossas características pessoais, nossas crenças e nossos relacionamentos e descobrir o papel de cada um deles na nossa vida.

Precisamos, nessa etapa, descobrir o que é essencial para levar na viagem que estamos a ponto de iniciar rumo ao futuro, colocando na balança e decidindo em que vamos concentrar as energias que serão gastas na conquista de novos sonhos e metas. Essa é, então, a melhor hora para abrir a bagagem que estava no avião acidentado e só aproveitar dela aquilo que for imprescindível. Nesse sentido, muitas vezes um novo modelo mental, de preferência voltado para o crescimento, é fundamental para que nos tornemos mais saudáveis e construtivos.

Mentalidade fixa × mentalidade de crescimento

A maneira de ver as situações, de lidar com as capacidades pessoais e de reagir aos desafios formam o que chamamos de *mindset*, ou modelo mental, o qual orienta nossa forma de perceber e de agir no mundo. Em outras palavras, a mentalidade que adotamos afetará a opinião que cada um tem sobre si mesmo e sua maneira de encarar a vida.

A professora de psicologia da Universidade Stanford, Carol Dweck (2017), identificou em suas pesquisas dois tipos de *mindset* que mostram como as pessoas entendem e agem perante o mundo. O primeiro é o *mindset* fixo, no qual se acredita que as característica e qualidades (inteligência, personalidade, caráter) são imutáveis e nos foram dadas, no nascimento, por nossa carga genética ou hereditária. Quem tem *mindset* fixo imagina que ele jamais poderá ser mudado, sob risco de comprometer toda a estabilidade da estrutura que o manteve de pé até o momento. O outro tipo identificado por Dweck é o *mindset* de crescimento: ele leva a pessoa a acreditar que é capaz de aperfeiçoar suas qualidades básicas por meio do próprio esforço. Essas pessoas aprenderam na infância que sua inteligência, seu caráter e sua personalidade constituem apenas o ponto de partida, e que qualquer um pode se tornar melhor e conquistar o que deseja. Estimuladas pela própria crença, quanto maior o desafio, mais elas se desenvolvem.

Esse ponto pode ser uma novidade na vida dos *baby boomers*: desde os bancos escolares, seu processo de formação sempre foi orientado mais na direção do *mindset* fixo do que na valorização do *mindset* de crescimento. O desempenho era mais importante e valorizado do que o esforço para a superação das dificuldades. Além disso, no ambiente de trabalho, a maioria das pessoas com as quais os *baby boomers* se relacionavam eram mais velhas do que eles mesmos – os chefes e os mentores, nos momentos iniciais de suas carreiras, validavam os comportamentos e indicavam o caminho seguro para quem era competente e adequado àquilo que dele se esperava. Naquele ambiente, o *mindset* fixo era, sob certos aspectos, o mais conveniente para o sucesso profissional.

Além disso, o modelo de trabalho que imperou no século XX dificultava que a pessoa assumisse o protagonismo de sua própria história: a caminhada estava sujeita a uma série de condicionantes e dependia de tantos fatores externos que o sucesso na carreira profissional nunca era visto como uma vitória pessoal. A promoção para um novo cargo no trabalho, por exemplo, não dependia apenas da competência pessoal, que fazia determinada pessoa se destacar entre os colegas de trabalho, mas sim da adequação às normas e às rotinas da corporação e da aprovação dos superiores. O importante era não perder de vista a necessidade de seguir o padrão traçado externamente, no qual atender aos interesses de determinada organização era mais importante do que satisfazer as próprias necessidades e aspirações.

No entanto, da forma e pelas razões que já foram expostas neste livro, o mundo – no trabalho e fora dele – mudou muito e, nesse novo cenário, *o mindset fixo, que era um ponto positivo no passado, com frequência torna-se limitado e restritivo.* Pode parecer paradoxal, mas a mesma geração que teve sua ascensão nas empresas "ditada" pelo estrito cumprimento do manual de instruções, e que se guiou por convenções que submetiam os interesses individuais aos interesses coletivos, criou as condições que permitiram a quebra das normas e inovaram o ambiente de trabalho. E não se trata do feitiço que se voltou contra o feiticeiro, mas simplesmente da falência de um modelo de organização que, com o passar do tempo, passou a não atender aos anseios da sociedade que se preparava para o século XXI.

No *mindset* fixo, alcançar o sucesso significava chegar ao destino que estava previsto no início da jornada, o qual seria obtido caso a pessoa percorresse o caminho planejado, tomando os cuidados necessários para evitar que erros e surpresas provocassem desvios de rota. A vitória só seria comemorada depois que se cruzasse a linha de chegada. Para quem tem mentalidade de crescimento, por outro lado, essa linha não existe: cada passo da jornada é importante e exige que se tenha predisposição para mudanças de rumo constantes. E que se saiba, além disso, que o sucesso só faz sentido se for valorizado pela pessoa que o alcançou, e não como resultado de um reconhecimento externo.

> O empreendedor, nesse novo tempo, terá suas chances de sucesso ampliadas caso acredite no desenvolvimento humano e adote o *mindset* de crescimento.

Ele deve conhecer e estar seguro de suas qualificações, mas não precisa mais se apoiar nelas para afirmar sua superioridade; e deve sempre estar disposto a aprender com profissionais melhores que ele, procurando evitar erros ao se aliar a pessoas mais capazes de fazer aquilo que ele não sabe.

É por isso que, uma vez mais, fica clara a necessidade de se abandonar as crenças e os conceitos do passado – a começar pela visão de que nada pode ou deve ser alterado no nosso jeito de ver o mundo e a nós mesmos. Ou seja: a primeira crença que precisa ser mudada neste momento é a de que nada pode ser mudado. O sucesso nessa mudança é o primeiro passo para a adoção de um *mindset* de crescimento. E a mudança de modelo mental exige desprendimento.

Enxergando oportunidades

No fim do século passado, quem imaginasse que os serviços de *delivery*, a busca por acomodações mais baratas nas viagens ou a carência de opções de transporte nas grandes cidades pudessem se transformar em grandes oportunidades de negócios apenas duas décadas mais tarde provavelmente não seria levado a sério. Pela lógica tradicional, essas áreas já estavam dominadas pelas grandes cadeias de hotéis ou eram modestas demais para merecer alguma atenção especial dos candidatos a empreendedores. Bastou, porém, que se lançasse um olhar diferente para esses mercados para que surgissem novos negócios, os quais começaram pequenos, mas, em pouco tempo, transformaram-se em empresas bilionárias, como iFood, AirBnB e Uber. Elas estão baseadas em recursos tecnológicos modernos, mas disponíveis para qualquer empreendedor, e surgiram principalmente porque seus idealizadores olharam para o lado e perceberam a insatisfação do consumidor com os prestadores tradicionais dos mesmos serviços que se propuseram a oferecer.

Tudo bem, o leitor pode alegar que essas e dezenas de outras empresas parecidas foram criadas por jovens antenados, que já cresceram habituados a perceber as oportunidades oferecidas pela tecnologia e que não precisaram ser convencidos por ninguém de que os novos comportamentos e as novas necessidades poderiam ser a chave para novos negócios. O sucesso desses empreendedores, no entanto, não está no fato de serem jovens e, sim, de terem uma mente aberta (ou um *mindset* de crescimento, como vimos no último tópico) – e se existe algo que não falta a um sênior que desenvolva esse *mindset* são circunstâncias capazes de resultar em bons negócios: basta olhar para suas próprias necessidades, ou para as necessidades de seu grupo de amigos e familiares, para encontrá-las. Alternativas de lazer, estilo de vida, serviços de saúde, moda, alimentação, logística e mesmo a produção de recursos tecnológicos que facilitem o viver de seu próprio grupo etário podem oferecer boas oportunidades. Estruturas comerciais voltadas exclusivamente para o atendimento desse público também podem ser fontes interessantes. Ou seja, as oportunidades existem, mas para aproveitá-las é necessário, além do *mindset* de crescimento, um ingrediente muito mais importante do que o conhecimento técnico, o capital ou a existência de condições de mercado ideais, capazes de garantir um mínimo de previsibilidade: o nome do ingrediente que não pode ser excluído da receita é atitude.

Novas habilidades

Nas últimas décadas, várias pesquisas têm sido feitas em busca de um modelo de educação que seja capaz de suprir as demandas profissionais mais complexas do século XXI. O francês Jacques Delors (1999) foi uma das grandes influências ao apresentar quatro pilares sobre os quais deveria se assentar a formação integral do ser humano:

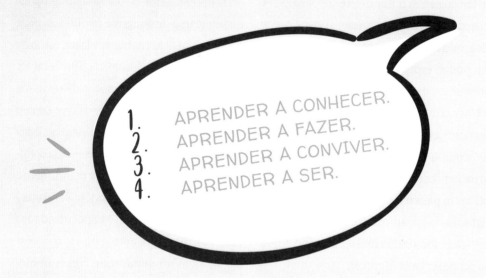

1. APRENDER A CONHECER.
2. APRENDER A FAZER.
3. APRENDER A CONVIVER.
4. APRENDER A SER.

Esses pilares precisam dar origem às habilidades que, no ambiente de trabalho, passarão a ter uma importância até superior à do conhecimento técnico, já que, com a evolução da tecnologia e a maior circulação de informações, aquilo que se sabe hoje torna-se rapidamente obsoleto; portanto, para ser um profissional capaz de lidar com esse novo ambiente, é mais importante **aprender a aprender** do que buscar o domínio de uma técnica específica. Ou seja, o aprendizado constante passou a fazer parte do dia a dia de todos, não importando a experiência, a idade, a formação ou a posição que ocupe em uma organização ou no próprio mercado.

Além disso, começaram a ser valorizadas, também, as chamadas **competências socioemocionais**, ou *soft skills*, que nada mais são do que as habilidades que uma pessoa precisa desenvolver para saber lidar com suas emoções, com sua subjetividade e com suas relações interpessoais. O conceito se contrapõe às *hard skills*, que são as habilidades técnicas apreendidas na prática e em cursos formais, as quais também continuarão a ser exigidas, mas deixaram de ser o fator determinante do sucesso profissional e se transformaram em pré-requisitos. Assim, as novas habilidades, derivadas pelos outros dois pilares – ou seja, saber conviver e saber ser –, passaram a ter grande relevância tanto para os colaboradores das empresas quanto para os empreendedores. De acordo com o relatório do Fórum Econômico Mundial de 2016, as dez qualidades mais importantes para qualquer profissional na década de 2020 serão:

1. CAPACIDADE DE SOLUÇÃO DE PROBLEMAS COMPLEXOS.
2. PENSAMENTO CRÍTICO.
3. CRIATIVIDADE.
4. HABILIDADE NA GESTÃO DE PESSOAS.
5. BOM RELACIONAMENTO INTERPESSOAL.
6. INTELIGÊNCIA EMOCIONAL.
7. CAPACIDADE DE JULGAMENTO E TOMADA DE DECISÃO.
8. SENSO DE ORIENTAÇÃO DE SERVIÇO.
9. CAPACIDADE DE NEGOCIAÇÃO.
10. FLEXIBILIDADE COGNITIVA.

A primeira pergunta a se fazer nesse momento é: o que uma pessoa que trabalhou por trinta ou quarenta anos sem ter isso como preocupação deve fazer para desenvolver as *soft skills* relacionadas à sua atuação? A resposta pode parecer genérica, mas é a que indica a melhor direção a se tomar: por meio de uma constante autoanálise, do autodesenvolvimento e da prática diária, é possível adquirir as *soft skills* necessárias. É interessante notar que essas habilidades não são propriamente novas nem são tão extraordinárias a ponto de estarem fora do alcance da pessoa que pretenda desenvolvê-las – ao contrário, o principal pré-requisito é o reconhecimento da necessidade de mudança e a predisposição para incorporá-las ao próprio repertório. Existem processos de *coaching*, programas de capacitação vivenciais e *workshops* que ajudam na caminhada, mas eles não surtirão efeito se não houver o esforço para levar a mudança adiante.

Outra pergunta feita com frequência em relação a esse assunto é: qual a atividade ou profissão que mais precisa de requalificação nesse sentido? E a resposta é: todas! Administradores, advogados, economistas, engenheiros, jornalistas, médicos, pedagogos, psicólogos, veterinários, enfim, todos os profissionais – sejam eles contratados por alguma organização, sejam os que trabalham como empreendedores em qualquer setor – aumentarão exponencialmente suas chances de sucesso no mercado caso desenvolvam essas *soft skills* e as incorporem à sua prática.

Pela organização clássica das empresas no século XX, muitas vezes quem tinha a responsabilidade pelo resultado final de uma operação (ou seja, o chefe) não tinha "tempo a perder" com mesuras nem motivos para ter cuidado no trato com seus subordinados. Pela visão atual, as mesuras excessivas e as "luvas de seda" continuam sendo desnecessárias, mas a convivência deve ser respeitosa em todos os momentos. Isso porque a reação contra o assédio moral e contra outros ainda mais abomináveis – notadamente o assédio sexual – veio para melhorar a qualidade do ambiente de trabalho e das relações profissionais, e apenas quem adotar as novas regras e aceitar se relacionar profissionalmente com base em padrões mais civilizados de convivência terá espaço no mundo do trabalho, seja como empregado, seja como empreendedor.

É interessante chamar atenção para um detalhe, que deverá ser levado em conta pelos seniores ou por qualquer outro que pretenda empreender neste momento: as mudanças no padrão de relacionamento profissional que tornaram as competências socioemocionais tão ou mais importantes do que as competências técnicas não são as únicas novidades no mercado. Elas estão ligadas ao fato de que esse mercado também passou a exigir soluções cada vez mais rápidas para problemas cada vez mais complexos. Essa mudança não se deu do dia para a noite, porém vem ocorrendo em velocidade exponencial, fazendo com que os seniores pouco se reconheçam como coautores deste novo mundo.

Mundo esse que é caracterizado pelo termo VUCA, acróstico que, em inglês, é formado pelas iniciais das palavras *volatile* (volátil), *uncertain* (incerto), *complex* (complexo) e *ambiguous* (ambíguo). Assim como o termo *soft skill*, trata-se de uma transposição para o mercado de um conceito criado pelo exército americano para explicar a falta de previsibilidade da conjuntura mundial após a Segunda Guerra. Transpondo o termo VUCA para o mercado de trabalho atual, percebe-se que nada é permanente e que muitos aspectos são imprecisos; além de que há várias alternativas para lidar com cada situação, e os fatores comumente são interdependentes (o que torna o ambiente complexo). Somem-se a isso as mudanças tecnológicas que ajudam a torná-lo ainda mais VUCA do que seria se elas não viessem com tanta velocidade.

Em resumo, a única forma de se relacionar com esse mercado que adotou regras mais civilizadas de convivência e, ao mesmo tempo, tornou mais rígidas as exigências de desempenho é por meio do desenvolvimento das convivências relacionadas ao **saber conviver** (que dará a cada um mais segurança no relacionamento com os demais) e ao **saber ser** (que dará a uma pessoa mais segurança no relacionamento dos outros com ela). Do mesmo modo, a automotivação para aprender a aprender abrirá o caminho para **aprender a empreender**, já que a criatividade é a fonte para a inovação, e a capacidade de solucionar problemas ajuda a identificar oportunidades para negócios.

Aprender a empreender
é um desafio e abrirá
as portas para novos mundos
– assim como fez o
Pequeno Príncipe quando
decidiu deixar o seu planeta
e viajar pelo universo.

Uma vez mais, vale ressaltar: sugerir que abandonemos não apenas os hábitos como também a visão de mundo que trazemos do passado e que, com isso, construamos um novo modelo mental e novas atitudes e habilidades não significa, obviamente, que tudo o que foi acumulado durante a vida tenha sido um fracasso. Também não significa que tenha sido inútil seguir fielmente o roteiro traçado para se ver, na senioridade, diante da obrigação de "zerar o placar" e começar tudo outra vez. Mas o momento em que decidimos – ou nos vemos diante dessa necessidade – dar um novo rumo à nossa vida, criar uma carreira empreendedora, é quando mais precisamos saber descartar aquilo que não será útil no novo ambiente.

Fazer escolhas sempre significa abrir mão de algo, mas não necessariamente negar aquilo que um dia fomos: ao contrário, é justamente no nosso passado que se encontra o mapa do caminho que procuramos para dar sentido à caminhada que estamos prestes a iniciar. Ou, senão o mapa, pelo menos a indicação daquilo que um dia imaginamos ser, mas que pode ter ficado sufocado sob os "entulhos" que fomos acumulando conforme reagíamos às demandas (que, com frequência, nem sequer foram definidas por nós mesmos). Precisamos eliminar apenas o que nos tira do foco, ou seja, tirar os baobás do caminho e cultivar as rosas – as quais podem ser características e atitudes positivas que já temos ou aquelas que ainda precisam de desenvolvimento.

Caminhos possíveis: escolha empreendedora

Como vimos até aqui, a escassez de alternativas profissionais que se manifesta na senioridade pode levar cada um de nós a nossos próprios desertos, oferecendo duas escolhas possíveis: a de **permanecer no deserto**, sob o risco de sucumbir diante da falta d'água e da ausência de condições mínimas de sobrevivência, e a escolha de **tentar sair dele** – caso em que cada um se verá diante da necessidade de uma nova escolha. Continuar agindo da mesma forma de antes pode gerar resultados idênticos aos obtidos anteriormente, mantendo a pessoa perdida – afinal, como disse o Pequeno Príncipe ao Aviador, "andando sempre em frente, não poderá ir muito longe" (SAINT-EXUPÉRY, 1986, p. 92) –, mas existe outra alternativa, que é mudar a maneira de agir e de se relacionar com o mercado de trabalho.

O caminho da mudança, que é a opção mais razoável, já foi mostrado nas páginas anteriores: ele começa pelo reconhecimento da importância do sonho, passa pela descoberta dos talentos e dos pontos fracos, e prossegue agora com a identificação daquilo que nos motiva a trabalhar da forma mais prazerosa possível. A identificação de todos esses recursos coloca cada um, mais uma vez, diante de duas alternativas: a de sair à procura da reinserção no mercado de trabalho como empregado ou, então, a de empreender. Se fizer a escolha empreendedora, a pessoa se verá diante não de dois, mas de dezenas de caminhos possíveis, e cada um deles se abrirá para tantas possibilidades que é melhor parar de pensar em bifurcações e falar da multiplicidade de caminhos.

Esses caminhos podem ser completamente diferentes entre si e a escolha deles dependerá não só da afinidade da pessoa com sua área de atuação, mas também do modelo de trabalho, do resultado almejado, do público a ser atendido, entre outros fatores. Por mais que o empreendedor conte com a ajuda de amigos dispostos a discutir as possibilidades, ou que recorra ao aconselhamento profissional de *coaches* e mentores, a escolha é pessoal e pode ser facilitada com as respostas sinceras a algumas perguntas, tais como:

QUE CAMINHO VOCÊ QUER SEGUIR? QUE TIPO DE EMPREENDEDOR VOCÊ QUER SER? QUAL A MOTIVAÇÃO MAIS FORTE PARA INICIAR OU REINVENTAR SUA ATUAÇÃO EMPREENDEDORA?

É preciso ter em mente que fazer uma viagem por situações que nos coloquem diante de desafios semelhantes àqueles com os quais o Pequeno Príncipe se deparou em sua jornada pode ser útil, desde que tenhamos segurança daquilo que estamos procurando. Sem essa segurança, qualquer atividade profissional que se exerça a partir de agora corre o risco de trazer consigo a mesma carga negativa da atuação no passado – o que faria o trabalho ser mantido como fonte de aborrecimentos numa altura da vida em que ele pode perfeitamente se transformar numa atividade prazerosa e de autorrealização.

O desenvolvimento de nossa aptidão para fazer escolhas dimensionará nossa capacidade de autodeterminação. Somos dotados do livre-arbítrio, um atributo que ninguém pode nos conceder nem tirar de nós. Por maior que seja, no entanto, essa capacidade é às vezes limitada por conveniências pessoais ou por condicionantes sociais. Nesse processo, muita gente é levada a se abster do próprio poder de escolha, tanto que acaba se considerando impotente para exercê-lo. Mas é importante dizer que, se abdicamos de escolher, estamos delegando a alguém a autoridade e a responsabilidade de fazer isso por nós. A possibilidade de não fazer escolhas não existe.

Como lembra McKeown (2015), pode ser que não tenhamos controle sobre as opções oferecidas numa determinada situação, mas sempre teremos a possibilidade de escolher uma das alternativas oferecidas. Isso vale tanto para as decisões mais simples quanto para aquelas que terão uma repercussão maior sobre nossas vidas, como a escolha da carreira profissional, da cidade em que moraremos – ou da decisão de abandonar a bicicleta para nos casar com alguém que amamos.

Assim, escolher pode ser uma decisão fácil se a pessoa souber exatamente o que deseja ou aonde pretende chegar, mas pode ser difícil se ela não tiver clareza acerca do melhor caminho a seguir. Por isso, é importante que as alternativas de ocupação após a aposentadoria não sejam feitas no "piloto automático" e que o sênior possa explorar possibilidades que não haviam sido percebidas nos momentos anteriores da carreira.

As alternativas empreendedoras

A principal escolha é empreender. Feito isso, há vários caminhos possíveis. A seguir, listamos algumas possibilidades que podem inspirá-lo a escolher o seu.

* **Empreendedor individual** – É aquele que, por questões legais ou fiscais, prefere ter um negócio que começa e termina nele mesmo. Prestadores de serviço de diversas naturezas, representantes comerciais e técnicos especializados estão entre aqueles que podem transformar o exercício de suas profissões em negócios.
* **Empreendedor corporativo** – Também chamado de intraempreendedor. É aquele que prefere continuar trabalhando para alguma empresa promovendo inovação e crescimento ao negócio.
* **Empreendedor de negócio** – É aquele que funda uma empresa, oferece produtos ou serviço inovadores e gera benefícios sociais ao criar empregos, recolher tributos e aumentar a riqueza da sociedade.

- ★ **Empreendedor franqueado** – É aquele que prefere se iniciar na vida empreendedora com um negócio já conhecido e com uma marca já consolidada no mercado. A vantagem desse tipo de negócio é justamente oferecer um modelo de atuação já testado. A desvantagem é que, mais uma vez, o profissional tem de se submeter a manuais escritos por terceiros. (No entanto, mesmo com a rigidez das regras que em muitos casos marca o relacionamento do franqueador com o franqueado, esse tipo de negócio também requer atitude empreendedora, principalmente no relacionamento com os clientes.)

- ★ **Empreendedor artesão** – É aquele que transforma alguma habilidade ou aptidão especial em um negócio. Depois de percorrer todo o caminho do autoconhecimento, a pessoa descobre que seu prazer em fazer bolos, costurar, trabalhar com madeira, fazer joias, degustar vinhos ou qualquer outra atividade que considerava um *hobby* pode se transformar em uma fonte de renda.

- ★ **Empreendedor verde** – É aquele que se vale da nova exigência mundial por práticas mais sustentáveis na utilização dos recursos naturais e, a partir delas, cria um novo negócio. Nessa linha, as oportunidades podem incluir, por exemplo, a reciclagem de materiais, a busca por formas alternativas de energia, o cultivo e a venda de produtos orgânicos e uma série de outras alternativas.

- ★ **Empreendedor social** – É aquele que funda ou se liga (em posição de liderança) a uma empresa ou instituto, oferecendo de forma inovadora serviços, produtos ou oportunidades para a população em vulnerabilidade social. Essa experiência, além de ter abrangência local, pode ser multiplicada em outras regiões ou até mesmo levada para outras partes do mundo.

- ★ **Empreendedor cultural ou criativo** – É aquele que atua na indústria cultural e na economia criativa com empreendimentos em diversas áreas, como a música, a arte, a escrita, a moda, o *design*, ou ainda nas indústrias de mídia, como rádio, publicações, produção cinematográfica e televisiva, e também com brinquedos e jogos virtuais. São empreendedores que atuam com atividades de criação e produção relacionadas à arte e também às atividades de suporte de informática do setor cultural.

Quanto mais essas escolhas forem tomadas com base em critérios claros, maior será a possibilidade de gerar autorrealização.

Nesse sentido, a técnica criada por Greg McKeown (2015), chamada "regra dos 90%", pode oferecer alguma ajuda: segundo o autor, as alternativas oferecidas devem ser classificadas com notas que vão de zero a dez, de acordo com as preferências de quem está diante da escolha de um caminho significativo. Depois de feita essa avaliação, as opções devem ser dispostas em ordem hierárquica, e todas as que tiverem notas inferiores a nove devem ser simplesmente eliminadas.

O exercício do poder de escolha é uma forma de deixar claro que estamos no controle das decisões mais importantes. E pessoas automotivadas são mais satisfeitas, na vida e no trabalho, além de mais capazes de tomar nas mãos as "rédeas" do próprio caminho.

A força que estimula

Como vimos, no passado a inatividade na velhice era vista como uma consequência natural da jornada, ou seja, as pessoas a encaravam com naturalidade e, em muitos casos, até contavam os dias para poder vestir seus pijamas, trancar-se em casa diante da televisão e praticamente se autocondenar ao isolamento social. Hoje, isso não acontece mais – ou melhor, pode até acontecer, mas o que antes era regra virou exceção. Com o tempo, muitos seniores que se enredam por esse caminho podem passar a se ressentir pela falta de atividade e pela perda de protagonismo em suas vidas; e muitos se prendem numa espécie de exílio pessoal que os impede de olhar para os lados e perceber que a saída dessa situação incômoda depende, em primeiro lugar, de reconhecer que nada vai melhorar por mágica.

Como lembra Duhigg (2016), a automotivação, que ativa nossa vontade de agir, é alimentada pela autoridade que acreditamos ter sobre nossas ações; portanto, **a escolha do caminho a seguir daqui em diante depende fundamentalmente da automotivação, das necessidades e das competências de cada um.** E o leque de escolhas se amplia consideravelmente quando os olhos se voltam para a possibilidade de uma escolha empreendedora.

Nesse ponto, se a necessidade de continuar ativo nessa fase da vida exigiu uma quebra de paradigma, outra quebra será ainda mais necessária: a de relacionar o trabalho com o prazer. E essa só será conseguida se cada pessoa parar para descobrir a força que a estimula a empreender. Se isso estiver claro, as possibilidades de sucesso aumentam, e as chances de transformar o empreendimento em uma fonte efetiva de prosperidade e felicidade tornam-se mais do que reais.

Por isso, nos capítulos anteriores, foi sugerido que o sênior, diante dessa nova etapa da vida profissional, realize uma análise o mais sincera e profunda possível para identificar conceitos, visões e hábitos desenvolvidos na primeira fase da carreira que já não cabem mais nos dias de hoje, devendo substituí-los por um conjunto novo de posturas e de visões, principalmente sobre o significado do trabalho. Em sua viagem por mundos diferentes dos seus, o Pequeno Príncipe se viu diante de pessoas que realizavam suas tarefas sem parar para pensar nas razões que as levavam a agir daquela maneira sem se preocupar com outras possibilidades que talvez tivessem à sua disposição.

Assim, é muito importante encontrar um novo significado para situações com as quais convivemos ao longo da vida e tirar de cada uma delas as lições capazes de nos ajudar a identificar e valorizar nossas próprias potencialidades e talentos. Depois de distinguir as rosas (ou seja, as potencialidades) que devem ser mantidas e os baobás (ou seja, os hábitos e as crenças limitantes) que precisam ser eliminados, é necessário, antes de se lançar a uma nova atividade, identificar aquilo que o motiva para o trabalho.

A motivação adequada às próprias características permitirá que o sênior encontre prazer numa atividade que antes pode ter sido marcada por uma forte carga de emoções negativas. O trabalho deixa de ser visto como uma obrigação a ser cumprida socialmente e passa, nesse momento da vida, a ter uma automotivação, capaz de atender a uma necessidade pessoal, seja ela relacionada à subsistência, seja à autorrealização.

Expectativas e motivações

Entre as mudanças ocorridas na trajetória da geração *baby boomer*, uma das mais interessantes se refere à maneira de encarar e lidar com o tempo. Pelo senso comum, estimulado inclusive pela visão que essa geração tinha das anteriores, a senioridade era sinônimo de calma e lentidão: os mais velhos podiam se dar o direito de deixar o tempo passar mais lentamente, pois já tinham alcançado tudo o que podiam almejar da vida e não precisavam se preocupar com o futuro. Os jovens, por sua vez, tinham pressa em conseguir o que desejavam, por isso estavam sempre agitados e ansiosos para alcançar seus objetivos.

No entanto, com as exigências trazidas pelo século XXI e a partir do momento em que a busca por novas alternativas de trabalho foi incorporada às possibilidades dos seniores, a equação se inverteu: o jovem passou a ser visto como alguém que pode esperar – afinal, ele tem tempo de sobra pela frente para alcançar aquilo que deseja –, enquanto o sênior é quem tem pressa para satisfazer às próprias expectativas e aos novos desejos, para ver os resultados de suas ações se materializarem aqui e agora.

Nesse momento em que *o senso de necessidade se encontra com o senso de urgência,* parece mais eficaz direcionar nossa escolha empreendedora para nosso próprio repertório profissional e para as habilidades e o conhecimento acumulados ao longo da vida. Quando esse encontro acontece, é o melhor cenário possível, mas o que está sendo discutido aqui é a possibilidade de encontrar uma atividade que proporcione prazer. Nesse caso, talvez seja melhor segurar a ansiedade em vez de partir precipitadamente em busca de uma atividade que apenas reproduza a situação do momento anterior da carreira.

Nesse sentido, é essencial ao sênior levar em conta quais são as expectativas a respeito dessa nova etapa. Quando falamos de expectativas, nos referimos àquilo que esperamos da vida, isto é, aos resultados que almejamos alcançar no momento em que iniciamos uma empreitada ou, ainda, às consequências que pretendemos gerar com nossas ações.

Toda ação que realizamos, qualquer que seja a sua natureza, traz consigo uma expectativa de resultados

– se viajamos para um lugar que desejamos conhecer, por exemplo, temos a expectativa de voltar para casa com novas experiências positivas acumuladas; se experimentamos um prato especial num restaurante, temos a expectativa de que ele satisfaça nosso paladar e nos proporcione prazer, etc. Nesses exemplos, porém, a satisfação das expectativas nem sempre está relacionada somente às ações de quem agiu – ou seja, não é possível experimentar todas as sensações que uma praia paradisíaca pode proporcionar caso um temporal inesperado ocorra bem no dia em que a visitamos, assim como não se pode conhecer o melhor sabor de um prato se o cozinheiro, justo naquele dia, tiver errado o tempo de cozimento.

No caso de um empreendimento, porém, a possibilidade de satisfazer as expectativas está depositada inteiramente nas mãos de quem pôs a ideia em prática. Em outras palavras, a expectativa de sucesso depende exclusivamente das ações que realizarmos com o objetivo de chegar aos resultados desejados – sempre analisando e nos adequando ao ecossistema empreendedor ao qual queremos pertencer –, e essas ações tendem a ser mais eficazes na medida em que estamos motivados a colocá-las em prática. Quanto mais clara e objetiva for nossa expectativa em relação aos resultados, mais assertiva tende a ser a motivação para alcançá-los.

Durante muitos anos, a motivação foi vista – principalmente no ambiente de trabalho – como resultado de uma força vinda de fora, de um impulso externo que estimulava as pessoas e as tornava mais produtivas. Com o passar do tempo, e com a evolução dos estudos e das práticas de recursos humanos nas organizações, constatou-se que a motivação é uma força interna, pessoal e intransferível. Isso significa que as razões que levam alguém a agir de determinada maneira não são necessariamente as mesmas que movem uma segunda pessoa na mesma direção. Por exemplo, uma pessoa que começa a praticar atividades físicas pode estar interessada em obter ganhos estéticos, enquanto outra pode fazer exercícios apenas para se livrar dos riscos de uma vida sedentária – o resultado, para ambas, será uma vida mais saudável, mas a motivação de cada uma delas para começar foi distinta.

Assim, ninguém pode transferir para o outro a sua própria motivação: nenhuma torcida, por mais barulho que faça nas arquibancadas, fará um time jogar melhor se os atletas dentro do campo não tiverem vontade própria para correr, para se esforçar e pôr em prática as ações que os levarão à vitória. No caso específico do trabalho, e até mesmo em virtude da maneira como as organizações por muito tempo lidaram com os indivíduos, é possível que, na primeira fase de sua vida profissional, os *baby boomers* nem sempre tenham tido clareza acerca das motivações que os tiravam da cama todos dias – essa é, por sinal, uma das razões que levaram muita gente dessa geração a entender o trabalho como uma atividade enfadonha e sem outro propósito senão o de assegurar a sobrevivência. A questão é que, nesse novo momento da vida, qualquer trabalho realizado sob as mesmas motivações será fadado ao fracasso.

A motivação sob análise

A evolução dos estudos sobre as motivações humanas e, mais especificamente, sobre as motivações para o trabalho também levou à percepção de que, a partir do autoconhecimento, é possível ter consciência daquilo que estimula nossas ações e escolhas profissionais para que proporcionem resultados positivos tanto pessoal como para o trabalho.

O psicólogo Richard Hackman e o sociólogo Greg Oldman (1975), por exemplo, desenvolveram um modelo teórico segundo o qual as pessoas se motivam para a atividade profissional a partir das oportunidades de uso e desenvolvimento de suas capacidades humanas que percebem nas diferentes funções desempenhadas. Os autores também identificam estados psicológicos que se relacionam com a autossatisfação e a qualidade no desempenho, configurando as cinco dimensões básicas do trabalho, conforme listadas a seguir:

* **Variedade de habilidades:** para alguns indivíduos, quanto maior for o grau de exigência no uso variado de suas competências, habilidades e conhecimentos, mais eles se sentirão motivados. Assim, quanto mais rotineira for uma função, menos variedade ela terá e, portanto, esses profissionais se sentirão menos motivados a continuar nela.

* **Identidade da tarefa:** para algumas pessoas, participar de um processo do início ao fim e se reconhecer no resultado final do trabalho é um fator primordial. Quanto maior for a participação e a identificação na execução, maior será sua motivação para executar uma atividade.

* **Significado da tarefa:** esse fator diz respeito ao impacto do trabalho na vida dos outros, dentro ou fora de uma organização. Para algumas pessoas, quanto mais intenso ou abrangente for esse impacto, maior será o significado do trabalho para quem o realiza e, portanto, maior será sua motivação.

* **Autonomia:** algumas pessoas se sentem motivadas diante da liberdade para planejar o trabalho e da possibilidade de executá-lo conforme o padrão que elas mesmas definem. Quanto maior a independência, maior a motivação.

* *Feedback:* algumas pessoas se motivam na medida em que têm seu trabalho reconhecido e recebem retornos claros sobre a qualidade do seu desempenho. Quanto maior e mais positivo for o retorno, maior o nível de satisfação com o trabalho realizado.

A escolha empreendedora é a única que permite uma opção "sob medida" para a própria pessoa. Assim, antes de escolher esse novo caminho, as dimensões identificadas por Hackman e Oldman também podem servir como critério de avaliação, de forma que, ao analisar as possibilidades de atuação e suas preferências pessoais, o sênior poderá considerar como positivo ter alta satisfação e desejar uma alta qualidade, além de encontrar significado no trabalho que se propõe a realizar.

O consultor inglês Richard Barrett (2000), que realiza trabalhos relacionados à liderança e à mudança da cultura organizacional, tomou como base a famosa pirâmide de Maslow[1] para criar um modelo que relaciona cada nível das necessidades humanas a um conjunto de valores, crenças e comportamentos que nos motivam a atendê-las. Barrett ampliou os "degraus" de Maslow de cinco para sete, indicando

---

[1] Abraham Maslow formulou, ainda na década de 1960, uma pirâmide com cinco degraus em ascensão para representar as necessidades que motivam as ações humanas, na qual as necessidades fisiológicas (básicas) estão na base e no topo ficam as necessidades de autorrealização (mais complexas). Na visão de Maslow, o indivíduo só evolui para o nível superior se satisfaz a necessidade relacionada ao degrau em que se encontra. Sua teoria abriu as portas para que outros pesquisadores aprofundassem o conhecimento sobre o tema.

os princípios motivacionais desencadeados por cada um deles e denominando-os de "níveis de consciência". Assim, os sete níveis de Barrett são:

- ★ **Nível 1: Sobrevivência** – Pessoas que buscam o desenvolvimento das capacidades e das competências que garantam a boa existência física e as estruturas básicas.
- ★ **Nível 2: Relacionamento** – Pessoas que buscam desenvolver sua capacidade de criar relações harmoniosas e saudáveis, que proporcionem o sentimento de "pertencimento".
- ★ **Nível 3: Autoestima** – Pessoas que valorizam a criação de regras e de um estilo próprio de agir que sejam eficazes e que promovam orgulho de si.
- ★ **Nível 4: Transformação** – Pessoas que buscam encontrar um equilíbrio entre suas necessidades pessoais de desenvolvimento/crescimento e o impacto que elas possam causar nas pessoas ao redor. (Trata-se de um nível que exige renovação contínua.)
- ★ **Nível 5: Autorrealização** – Também denominada "coesão interna", é a busca pela capacidade de encontrar uma missão e de alinhá-la com os valores e as motivações de todos os elementos do grupo para realizar seu propósito.
- ★ **Nível 6: Diferenciação** – As pessoas nesse nível de consciência "fazem a diferença" por meio da coesão externa e do alinhamento com os outros, da promoção de parcerias e da preocupação com a realização pessoal de cada um. Há uma consciência de contribuição com aqueles que partilham de valores e aspirações comuns.
- ★ **Nível 7: Serviço** – Pessoas que buscam abraçar o conceito de "servir" e de pensar no bem comum, demonstrando preocupações reais com a humanidade, com o planeta e com as gerações futuras.

7 NÍVEIS DE CONSCIÊNCIA: RICHARD BARRET

SERVIR	7	TERRA
DIFERENCIAÇÃO	6	GEÓGRAFO
AUTORREALIZAÇÃO	5	EMPRESÁRIO
TRANSFORMAÇÃO	4	ACENDEDOR
AUTOESTIMA	3	VAIDOSO
RELACIONAMENTO	2	REI
SOBREVIVÊNCIA	1	BÊBADO

Fonte: adaptado de Barret (2000, p. 64).

Barrett classifica os níveis de consciência pelos efeitos que as ações motivadas por cada um deles provocam no próprio indivíduo e nas pessoas à sua volta. Assim, os níveis 1, 2 e 3 são voltados para a realização das necessidades próprias de quem desenvolve a ação; é neles que se concentram as atividades voltadas para a sobrevivência, para os relacionamentos pessoais e para a visão que a pessoa tem de si mesma. O nível 4 marca a transição entre os interesses próprios e aqueles relacionados aos interesses coletivos, de forma que os três níveis finais (5, 6 e 7) incluem o desenvolvimento espiritual, a preocupação com as questões coletivas e com o bem comum.

O aspecto mais interessante do modelo de Barrett consiste na possibilidade de se aferir o nível de consciência de cada pessoa em relação ao trabalho e de utilizar as ferramentas que permitirão desenvolver as competências para satisfazer cada necessidade e expectativa de vida. No próximo capítulo, aprofundaremos um pouco mais essas questões fazendo um paralelo com alguns personagens visitados pelo Pequeno Príncipe em sua jornada.

Planetas pessoais: motivações empreendedoras

Insatisfeito com a vida que levava e incomodado com o comportamento de sua Rosa, o Pequeno Príncipe decide deixar seu planeta, romper com a rotina que o mantinha preso àquele mundo e partir para encontrar, fora de lá, respostas para as dúvidas que o atormentavam. Antes de chegar à Terra, o último dos lugares visitados, ele passou por seis pequenos asteroides nos quais teve a oportunidade de conhecer o personagem que vivia em cada um.

Assim, o Rei, o Vaidoso, o Beberrão, o Empresário, o Acendedor de Lampiões e o Geógrafo surgem na história por meio da exposição de suas características negativas: na visão do Principezinho, eram pessoas infelizes ou equivocadas, quase sempre insatisfeitas com os trabalhos que realizavam ou com a situação em que se encontravam – e, talvez por isso, viviam isoladas em seus mundos particulares, sem ter com quem se relacionar e sem procurar outra maneira de interagir com a vida. A imagem da solidão e da insatisfação que transparece nesses personagens coincide, de certa forma, com um estereótipo que ainda pesa sobre muitos seniores que perderam o emprego ou se aposentaram, sendo afastados compulsoriamente do mercado, e que, diante desse fato indesejado, expõem suas piores características.

A viagem que está sendo sugerida agora mostrará novas possibilidades e novas visões de nossa atuação profissional; por isso, ela exige alguns cuidados. É mais ou menos como se o Pequeno Príncipe, décadas depois de ter partido, retornasse aos planetas que visitou e olhasse para os mesmos personagens que conheceu no século XX com o olhar do século XXI. Como ele avaliaria a situação de cada um? Que oportunidades empreendedoras ele identificaria para as pessoas com quem conviveu ali? Que novos conselhos daria aos moradores dos planetas?

Nessa nova viagem, os planetas não serão visitados na mesma ordem percorrida pelo Pequeno Príncipe: em vez disso, nós nos guiaremos, pela identificação de cada um dos personagens que habitam esses pequenos mundos com os níveis de consciência propostos por Barrett, os quais foram desenvolvidos, originalmente, com os olhos voltadas para a liderança e a cultura organizacional, mas que serão adaptados aqui para as situações empreendedoras. Por serem frutos de um trabalho de consultoria empresarial, esses conceitos foram legitimados pelo mercado e têm o mérito de identificar as motivações e avaliar seus efeitos sobre o trabalho.

Antes de iniciarmos, vale fazer uma ressalva: pelo modelo original de Barrett, a pessoa parte do nível mais baixo para chegar ao mais alto, em uma linha de melhoria contínua e uma busca de evolução que torna o profissional, a cada passo, mais capacitado para liderar as organizações nos dias de hoje. No caso deste livro, essa escala evolutiva não é primordial: nós a utilizaremos apenas como referência para que cada estado de consciência possa corresponder a uma escolha empreendedora que identifique seu momento e estilo de vida atual. Uma pessoa que se identifique, por exemplo, com o primeiro dos níveis de consciência de Barrett (o da sobrevivência) e se sinta feliz com uma ação empreendedora que supra suas necessidades existenciais e de bem-estar, garantindo uma vida sem sobressaltos financeiros, não tem razão para ansiar pelos outros degraus.

Para facilitar o entendimento – e demonstrar que o empreendimento sênior não é uma realidade distante –, traremos também alguns estudos de caso baseados nas trajetórias de pessoas reais que deram seus depoimentos a este livro, e que, de alguma forma, têm relação com as motivações mencionadas nos diferentes níveis de consciência.

Agora, você é convidado a acompanhar o Pequeno Príncipe e revisitar os planetas não mais com o olhar de mundo industrial que imperava no século passado, no qual a humanidade, a espiritualidade e os prazeres pessoais estavam excluídos do mundo do trabalho; e sim com **a perspectiva do século XXI, em que a nova economia integra mente e coração, pessoal e coletivo, trabalho e prazer** – ou seja, sob a ótica do trabalho empreendedor que considera, principalmente, o respeito e a valorização pelas escolhas pessoais.

Os sete planetas apresentam especificidades que, para cada pessoa, terão um significado particular. Esta é a beleza da diversidade: cada um poder escolher e ser exatamente como é. Prepare-se, pois os pássaros selvagens estão chegando para levá-lo à viagem empreendedora pelos planetas na companhia do Pequeno Príncipe.

O PLANETA DO BEBERRÃO
(NÍVEL DE CONSCIÊNCIA: SOBREVIVÊNCIA)

A pessoa que atua nesse nível orienta suas ações profissionais para a busca da estabilidade financeira, para a disciplina e para a saúde. Quando o equilíbrio entre essas três dimensões é mantido, tudo corre bem. **Ter saúde física e financeira é fundamental para um profissional e elas se encontram na base do sucesso de qualquer atividade empreendedora.** São essenciais para a existência de qualquer empreendimento, assim como para o equilíbrio da própria existência humana. O primeiro dos níveis de consciência, que é identificado com a motivação pela sobrevivência, tem como propósito o controle do ambiente para atender a suas necessidades e proporcionar as condições de uma existência segura e saudável.

Fazemos então um paralelo com a visita do Pequeno Príncipe ao planeta do Beberrão, que foi curta, mas o deixou profundamente triste, pois ali ele encontrou "um homem absolutamente calado diante de uma fileira de garrafas vazias e outra de garrafas cheias", com quem iniciou um diálogo:

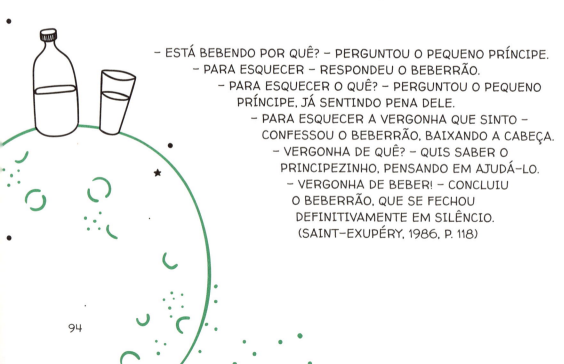

– ESTÁ BEBENDO POR QUÊ? – PERGUNTOU O PEQUENO PRÍNCIPE.
– PARA ESQUECER – RESPONDEU O BEBERRÃO.
– PARA ESQUECER O QUÊ? – PERGUNTOU O PEQUENO PRÍNCIPE, JÁ SENTINDO PENA DELE.
– PARA ESQUECER A VERGONHA QUE SINTO – CONFESSOU O BEBERRÃO, BAIXANDO A CABEÇA.
– VERGONHA DE QUÊ? – QUIS SABER O PRINCIPEZINHO, PENSANDO EM AJUDÁ-LO.
– VERGONHA DE BEBER! – CONCLUIU O BEBERRÃO, QUE SE FECHOU DEFINITIVAMENTE EM SILÊNCIO.
(SAINT-EXUPÉRY, 1986, P. 118)

O substantivo "vício" é originário do latim *vitium*, que significa "falha" ou "defeito". Na acepção moderna, comumente pensamos no vício como um hábito repetitivo que degenera ou causa prejuízos não apenas a quem se entrega a ele, mas também aos que convivem com essa pessoa. Assim, o viciado é aquele que desenvolve uma rotina que, além de nociva à própria saúde, não é socialmente aceita, e seus maus hábitos e comportamentos acabam sendo rejeitados não só pelas pessoas que estão à sua volta, mas também, muitas vezes, pelo próprio viciado – que, a exemplo do Beberrão visitado pelo Pequeno Príncipe, reconhece o próprio problema, mas se fecha em silêncio e se recusa a encará-lo de frente.

O *workaholic*, ou viciado em trabalho, em geral é visto como um carreirista sem vida própria, que se julga merecedor de recompensas superiores às dos demais, ou como alguém que desenvolve uma rotina nociva a si mesmo como forma de compensação por alguma frustração ou vergonha. Além disso, pode ser alguém que tem para os questionamentos sobre essa dedicação excessiva ao trabalho respostas tão pouco convincentes quanto as que o Pequeno Príncipe ouviu ao interpelar o Beberrão sobre a causa de seu vício. "Trabalho porque preciso", dizem essas pessoas. "Quanto mais trabalho, melhor fico; quanto mais sobrecarregado, melhor".

É comum ouvirmos histórias de pessoas que sofreram um infarto ou têm depressão por causas relacionadas ao estresse do trabalho, ou que perderam o emprego porque, ao se dedicar de forma exagerada à atividade que exerciam, descuidaram da saúde e viram seu desempenho e seu entusiasmo decaírem. As consequências dos vícios sobre o trabalho de fato são nocivas; mas, neste retorno ao planeta depois da primeira viagem, vamos imaginar que o Pequeno Príncipe passou a olhar para o Beberrão de uma forma diferente: em vez de ficar perplexo com sua atitude, ele procurou entender o que estava por trás daquele comportamento.

Ter com o trabalho uma relação exacerbada de dependência – que, como toda relação em que há vício, inicia-se pela busca do prazer e aos poucos se degenera em um estado autodestrutivo – sempre foi visto, ao longo da trajetória profissional da geração *baby boomer,* como um sintoma de infelicidade na vida pessoal. E sabemos que não é isso que procuram os seniores que decidem empreender; aliás, é disso que eles estão querendo se livrar.

Em alguns casos, o medo de não conseguir assegurar sua própria sobrevivência (e muitas vezes a de sua família), por exemplo, pode fazer com que o profissional se dedique tanto à atividade que acabe exagerando na proporção. Com a justificativa de ter que se sustentar e poupar para o futuro (as quais, por si só, são motivações mais do que legítimas para o trabalho), o profissional acaba transformando o trabalho em um vício.

A visão negativa e a dose exagerada de dedicação talvez tenham impedido que se reconhecesse e se valorizasse a motivação primária do trabalho no nível da sobrevivência. Por isso, com a nova visão que trouxe nessa segunda viagem pelos planetas, o Pequeno Príncipe mostraria ao Beberrão que não faz o menor sentido transformar o trabalho ou qualquer outra atividade em algo que, embora motivado por razões nobres, produza efeitos negativos. O segredo, sobretudo para o sênior, é conseguir o equilíbrio; assim, ainda que ele faça sua escolha empreendedora motivado pela garantia de sobrevivência, é preciso saber que a dedicação exagerada às tarefas pode restringir ao invés de ampliar suas possibilidades de sucesso.

Todo trabalho exige responsabilidade e dedicação. Mas, para alguém que já trabalhou tanto, essa dedicação pode perfeitamente ser dosada para que a relação com a atividade empreendedora não seja impregnada pela mesma carga negativa que caracterizou o relacionamento dos *baby boomers* com o trabalho na primeira etapa da vida profissional.

Escolher uma atividade em que a dedicação e a disciplina proporcionem ao mesmo tempo a vida saudável e o equilíbrio financeiro pode ser o melhor dos mundos para quem, no passado, provavelmente não teve a chance de fazer suas escolhas. Saber a diferença entre trabalhar *muito* e trabalhar *bem* faz a pessoa evoluir da condição de *workaholic*, ou seja, viciada em trabalho, para a de um *worklover*, quer dizer, apaixonada pelo que faz.

que proporciona não só o equilíbrio financeiro, mas também a disciplina em

Essa, talvez, seja a consequência mais positiva de ressignificar o trabalho pelo olhar empreendedor: substituir a compulsão e o sofrimento pela dedicação equilibrada

relação à própria vida (o que inclui a prática de atividades físicas, a alimentação saudável e outras atividades) e, em consequência, a saúde.

JOSÉ BUENO, 59 ANOS
(CONSULTOR DE LIDERANÇA
E EDUCAÇÃO AMBIENTAL)

Conforme já foi dito anteriormente, os níveis de consciência propostos por Barrett não se relacionam aqui com posições hierarquizadas das escolhas empreendedoras. Um empreendedor que se identifique com escolhas no primeiro nível não está em uma posição inferior à dos demais; significa apenas que ele prioriza seu bem-estar, sua saúde e suas necessidades financeiras. Encontrar uma forma de se relacionar com o trabalho que atenda a suas expectativas existenciais e essenciais à vida é o que fundamenta essa identificação com o primeiro nível.

É o caso, por exemplo, do consultor José Bueno, nascido em 1960, no Rio de Janeiro, que veio ainda criança para São Paulo. Inquieto desde cedo, reconhece que causava preocupação aos pais por dedicar a atividades como ioga, teatro e filosofia o tempo que deveria concentrar exclusivamente nos estudos. Como era comum em sua geração, o pai queria que ele prestasse algum concurso público ou que seguisse um modelo tradicional de carreira profissional. Bueno foi aprovado, para a surpresa da família, no concorrido vestibular da Faculdade de Arquitetura e Urbanismo da Universidade de São Paulo, e, no último ano do curso, já independente financeiramente, casou-se e se tornou pai, quando tinha 23 anos.

Ainda durante a graduação, Bueno começou a se desviar por caminhos paralelos de conhecimento: por exemplo, ele havia passado a praticar *aikido*, ao descobrir sua habilidade com o corpo e se encantar com a elegância e a suavidade dos movimentos dessa arte marcial; e, estimulado por um empresário com quem praticava o esporte, Bueno criou projetos organizacionais com base nos modelos de gestão japonesa, que estavam na moda nos anos 1980. Descobriu também a *radio taissô*, modalidade de ginástica rítmica japonesa, e passou a oferecer o método para proporcionar saúde às empresas japonesas que funcionavam no Brasil, por meio de exercícios praticados antes do início da jornada de trabalho.

Na verdade, e mesmo sem saber, Bueno sempre teve um espírito empreendedor e inovador. Foi à falência algumas vezes, mas sempre conseguia se recuperar. Teve momentos difíceis, especialmente durante o Plano Collor, no início dos anos 1990. Em 1992, divorciou-se e, sem dinheiro nem moradia, foi morar na edícula da casa da irmã. Resolveu investir no *aikido*: criou uma academia, que deu certo, e passou a fazer consultorias para organizações privadas e públicas no desenvolvimento de lideranças.

Ao se aproximar dos 50 anos, realizou outras mudanças importantes em sua trajetória: se deu de presente de aniversário uma viagem à Europa, na qual pretendia fazer grandes trajetos de bicicleta entre a Alemanha e a Holanda; e foi pedalando às margens do rio Reno que ficou mais próximo da natureza e reparou na integração dos rios com a paisagem urbana europeia. Quando retornou ao Brasil, conheceu e se associou ao geógrafo Luiz de Campos, e juntos criaram a iniciativa Rios & Ruas, que, desde 2010, promove e estimula diversas ações para que as pessoas descubram e desejem ter de volta, limpos e livres, os rios que cortam a cidade.

José Bueno nunca teve uma carteira de trabalho assinada, não tem uma reserva financeira, não tem aposentadoria; e diz que "se parar, acaba". Sua sobrevivência profissional está baseada na "colcha de retalhos" que construiu com as diversas iniciativas de trabalho e com os diferentes talentos que desenvolveu em sua jornada – uma colcha que foi costurada com muita liberdade, criatividade e disciplina. Hoje em dia, é professor em cursos de liderança pela FGV, mantém a escola de *aikido* e presta consultoria para projetos sociais. Sua vida é equilibrada, sem custos elevados: é dono do apartamento onde mora, não tem carro e os filhos já estão criados e são independentes. Em suas próprias palavras: "não quero ter nada, nem ser nada; não quero guardar ou construir algo... Só quero ser útil e encontrar formas produtivas e divertidas de trabalhar". É assim que pretende sobreviver nos próximos trinta anos.

O PLANETA DO REI (NÍVEL DE CONSCIÊNCIA: RELACIONAMENTO)

Para quem se orienta pelo segundo nível de consciência, estar em contato com outras pessoas e pertencer a um grupo é, sem dúvida, a principal motivação. **As atividades profissionais – e o empreendedorismo está entre elas – são, pela própria natureza, as formas mais sofisticadas de relacionamento desenvolvidas pelo ser humano** e um dos principais canais de socialização existentes. Por meio delas, as pessoas formam uma rede abrangente que, em muitos casos, torna-se um importante canal de interação social. A motivação pelo relacionamento tem como propósito viver em harmonia com os outros, consolidar o senso de pertencimento e ser estimado pelos grupos em que convive.

Como vimos ao longo deste livro, com a aposentadoria ou com a perda do trabalho os seniores tornam-se sérios candidatos a se ver tão sozinhos quanto o Rei que o Pequeno Príncipe encontrou em sua odisseia pelos planetas. "Oba! Um súdito!", exclama ele logo quando vê o Pequeno Príncipe. Inicia-se, assim, um diálogo ao longo do qual esse personagem, sem jamais descer do trono, vale-se de uma série de argumentos na tentativa de convencer o Príncipe a permanecer no pequeno planeta como seu súdito. O soberano era até razoável nas ordens que dava e não se omitia diante de sua responsabilidade sobre elas:

– SE EU ORDENASSE – DISSE ELE NATURALMENTE –, SE EU ORDENASSE A UM GENERAL QUE SE TRANSFORMASSE NUMA GAIVOTA E ELE NÃO OBEDECESSE, NÃO SERIA CULPA DELE: SERIA CULPA MINHA. (SAINT-EXUPÉRY, 1986, P. 111)

Mesmo demonstrando esse tipo de sensatez, ele sempre se mostrava interessado em controlar tudo, em mandar em tudo e em ter a palavra final sobre qualquer assunto que fosse tratado. Por isso, o Príncipe não viu sentido em permanecer na presença de um Rei que "não tolerava ser desobedecido. Era um monarca absoluto" (p. 111); um sujeito autocrático e centralizador, que estava mais interessado em ter súditos do que em se relacionar com parceiros.

Nessa nova volta ao planeta, porém, imaginemos que o Pequeno Príncipe considerou severo seu próprio julgamento sobre o Rei, que talvez fosse apenas alguém preocupado em não perder o controle sobre a situação e que, de certa forma, tinha necessidade de companhia e de ser aceito pelas pessoas.

A passagem da vida corporativa para a vida empreendedora envolve uma série de mudanças, e algumas delas exigem que se mude completamente a forma de enxergar a si mesmo no trabalho. É essencial perceber, por exemplo, que muitas condições de trabalho comuns ao ambiente corporativo dificilmente se reproduzirão fora dele – e esse aprendizado é especialmente importante para as pessoas que, ao longo da carreira, estiveram em posições de proeminência e de autoridade. O Rei que o Pequeno Príncipe encontra procurava ser razoável; ainda assim, ele não deixa de ser um monarca em suas atitudes. Na vida real, a mudança muitas vezes pede que se abra mão da majestade: pode ser que a posição de destaque em relação aos subordinados, bem como as facilidades relacionadas ao cargo – como o conforto de

um escritório, o apoio de assistentes, até o serviço de cafezinho e outras prerrogativas dessa mesma natureza – tenham de ser deixadas no passado. É justamente a necessidade de abrir mão desse conforto – ou, em muitos casos, desse *status* – que dificulta a adaptação de muita gente à vida empreendedora.

Além disso, pessoas que, no passado, em vez de se posicionar como líderes, limitaram-se a agir como chefes e a demonstrar sua superioridade hierárquica em relação aos demais serão mais propensas a sofrer com o isolamento pós-aposentadoria – mas mesmo elas podem desenvolver novas habilidades de relacionamento na carreira empreendedora. Para quem enxerga com clareza a nova situação, ou para quem sinceramente dispensa a ostentação que muitos relacionam ao sucesso profissional, a mudança é uma oportunidade de exercitar uma das habilidades mais valorizadas e importantes nesse momento profissional: a de se relacionar e fazer parte de uma rede.

Isso porque, qualquer que seja a posição ocupada no novo empreendimento – seja a de investidor, seja a de idealizador ou líder do projeto –, ela exigirá, nesse momento, mais a habilidade de se fazer ouvir e de convencer parceiros do que a prerrogativa de mandar em subordinados. Isso inclui, naturalmente, a habilidade de saber escutar e a competência para identificar, aceitar e pôr em prática ideias que muitas vezes podem ser melhores do que as suas.

Mesmo os chamados *self-made men*, que pavimentaram sozinhos o caminho de seu sucesso empresarial e se habituaram a tomar sozinhos as decisões, agora se verão diante da necessidade de abandonar o estilo autocrático e substituí-lo por um modelo mais colaborativo de atuação. Se, no passado, a palavra do dono ou do presidente eram a lei nas organizações, a flexibilidade e a complexidade trazidas pelo século XXI passaram a exigir que os processos se tornassem mais colaborativos e que passassem a levar em conta os interesses, por exemplo, dos acionistas minoritários, dos colaboradores e da própria sociedade. Esse é, aliás, um paradoxo deste momento que vivemos: embora a individualidade esteja em alta e as pessoas exijam ser reconhecidas por aquilo que são, não há mais espaço para os "super-heróis", para os grandes gênios solitários ou para os "donos da ideia".

Ao reencontrar o Rei que conheceu em sua primeira viagem, portanto, o Pequeno Príncipe agora o aconselharia a transformar súditos em aliados – ou, no caso do empreendedor, tornar as pessoas que podem desempenhar um papel relevante no empreendimento em parceiros integrados a uma rede de contatos ativa e atuante.

Em outras palavras, é preciso usar a agenda telefônica (ou qualquer outro meio de armazenagem desses contatos) como uma fonte de prospecção de oportunidades, de troca de ideias, de discussão de perspectivas e de tudo o mais que for importante na nova situação.

Na mesma linha de raciocínio, não é a oportunidade empreendedora que virá a nós, nós é que precisamos ir ao encontro dela, e uma das formas de fazer esse percurso envolve justamente e decisão de romper com a solidão e buscar nos relacionar com pessoas com as quais podemos compartilhar nossa trajetória. Esse movimento tornou-se, no século XXI, especialmente facilitado pelas redes sociais, que se alastraram e que colocam todo mundo em contato com todo mundo. Mas, atenção: não é aconselhável ficar limitado a elas. Especialmente para o sênior – que se espantou diante da novidade que essas redes trouxeram para o ambiente de trabalho e que pode até ter tentado resistir a elas –, o contato presencial, face a face, continua insubstituível na hora de consolidar os relacionamentos empreendedores.

Hoje em dia, as soluções cada vez mais coletivas tendem a ganhar relevância na comparação com os padrões de "isolamento em grupo" que caracterizaram muitos arranjos organizacionais do século passado – ou seja, situações em que, por mais que as pessoas trabalhassem juntas, cada uma respondia apenas pelo resultado de sua própria tarefa. No momento atual, a própria ideia que mostrava o empreendedor como uma espécie de herói solitário, capaz de remover todas as barreiras que dificultavam sua trajetória e de fincar sua bandeira no mundo dos negócios pelo mérito individual, parece superada pela visão de que a união realmente pode ser a força capaz de abrir portas e garantir a reinserção no mercado.

Essa revisão que nos levará a reinventar nosso trabalho inclui identificar e colocar em uso novas habilidades de relacionamento que, mais do que necessárias, são indispensáveis na jornada empreendedora. Nessa hora, ser reconhecido como integrante de um grupo, pertencer a uma comunidade profissional e se manter permanentemente em contato com as pessoas tornam-se praticamente sinônimos de empreendedorismo sênior.

JORGE BRESSLAU, 68 ANOS
(GUIA DE TURISMO)

Jorge é paranaense e vive em São Paulo desde a infância. Em 1974, formou-se em engenharia mecânica pela Escola de Engenharia de São Carlos da USP, no interior do estado, e passou a maior parte da carreira profissional atuando na área comercial de grandes empresas. Teve três empregos e sempre permaneceu nessas empresas por longas temporadas, como era importante para as pessoas da sua geração. Recebeu propostas de mudança, foi demitido e aceitou as oportunidades que o mercado lhe oferecia, até que, em dado momento, percebeu que essas oportunidades não eram as que desejava conseguir. Foi aí que se deu conta: além de não aceitar trabalhar mais daquela forma, ele não tinha mais espaço no mercado de engenharia. Decidiu, então, investir em um sonho antigo de usar os idiomas alemão e inglês para viajar – um sonho que antes nunca tinha cogitado como opção de trabalho.

Primeiro pensou em abrir uma agência de turismo, mas descobriu que gostava mesmo era de estar em campo e em contato com os clientes, e não de ficar gerenciando tudo do escritório. Sua ideia era viajar e se relacionar com as pessoas. Foi nesse momento, acredita ele, que tomou a decisão mais acertada: a de ser guia de turismo.

Seu trabalho não tem rotina nem chefe; ele trabalha para diversas agências, em todo o Brasil, e suas viagens para o exterior podem durar semanas. Além de ser guia credenciado, tem registro como Microempreendedor Individual (MEI), o que também lhe proporciona a oportunidade de atender grupos e pessoas que o procuram pelas redes sociais para fazer passeios pela cidade de São Paulo. O inglês e o alemão, que antes ficavam guardados, passaram a ser utilizados diariamente no trabalho.

O prazer que sente em organizar esses passeios para grupos de estrangeiros é imenso. Estar frente a frente com as pessoas, saber na hora se elas estão gostando e aproveitando, e se não estiverem, ter a capacidade de improvisar e criar uma forma melhor de atender às expectativas dos clientes são, para ele, uma "rotina" muito estimulante. É realmente o que Jorge queria: "eu teria sido muito mais feliz se tivesse tomado essa decisão vinte anos atrás", diz ele.

Mas a mudança não foi instantânea. Faltando dois anos para se aposentar, Jorge começou a se preparar para a nova profissão: em 2012, fez cursos de formação no Rio de Janeiro e em São Paulo, e equilibrou as despesas da casa com o apoio da esposa, que trabalha como professora bilíngue, numa época em que seus três filhos já eram independentes. Só então se antecipou e pediu demissão do emprego, até para não ser demitido novamente – Jorge sabia que era apenas uma questão de tempo e decidiu "tomar as rédeas de sua vida nas próprias mãos".

Jorge planeja trabalhar pelo menos até os 75 anos. Mantém os planos para viajar para o exterior com a esposa e sempre procura se atualizar. Sabe que seu sucesso profissional dependerá de seu esforço e da qualidade do trabalho que oferecer, além de precisar cuidar da saúde para se manter na ativa. Sua referência de longevidade profissional é uma colega israelense, de 75 anos, que o recebe quando ele acompanha grupos em viagem a Jerusalém – sempre com muita vitalidade.

Para ele, a motivação para uma mudança profissional foi a possibilidade de se relacionar com pessoas de diferentes origens e estilos de vida; além de que a experiência de ser demitido tinha sido especialmente dolorosa e ele não queria vivê-la novamente. Jorge acredita que o potencial turístico do Brasil é uma grande oportunidade para iniciativas empreendedoras de seniores que trazem na bagagem, além da experiência de vida, o prazer de interagir com os outros. Segundo ele, "um serviço de qualidade é essencial e gostar de gente e de falar outras línguas acaba sendo um diferencial".

Jorge sabe que as mudanças assustam, mas acredita que as pessoas nesta faixa etária precisam entender que, mais cedo ou mais tarde, terão de tomar uma decisão; e nessa hora, a maturidade ajuda a fazer as melhores escolhas.

O PLANETA DO VAIDOSO
(NÍVEL DE CONSCIÊNCIA: AUTOESTIMA)

O reconhecimento e a busca pelas recompensas a ele associadas sem dúvida podem ser uma importante mola propulsora para as inciativas empreendedoras dos seniores. Muitas vezes essa é a força que estimula alguém a pular da cama pela manhã para empreender, e a maioria dos empreendedores motivados pelo nível da autoestima são também bastante dedicados, de forma que dificilmente fracassam. **A motivação pela autoestima tem como propósito desenvolver o senso de valor próprio, de independência e de orgulho por suas conquistas.**

Na sequência de sua viagem pelos planetas, o Pequeno Príncipe se deparou com um homem que o considerou um admirador tão logo o avistou. "É que, para os vaidosos, todas as pessoas são suas admiradoras" (SAINT-EXUPÉRY, 1986, p. 116), constatou o Príncipe. Por mais críticas que recebesse ou por mais curiosidade que seu comportamento despertasse, o Vaidoso não tinha ouvidos para elas porque, afinal de contas, "vaidosos só ouvem elogios":

– VOCÊ ME ADMIRA MUITO, NÃO É VERDADE? – PERGUNTOU ELE AO PEQUENO PRÍNCIPE.
– O QUE QUER DIZER "ADMIRAR"?
– ADMIRAR QUE DIZER RECONHECER QUE SOU O HOMEM MAIS BONITO, O MAIS BEM-VESTIDO, O MAIS RICO E O MAIS INTELIGENTE DO PLANETA.
– MAS VOCÊ VIVE SOZINHO NESTE PLANETA!
– POIS ME DÊ ESTE PRAZER. ADMIRE-ME AINDA ASSIM!
– EU TE ADMIRO – DISSE O PEQUENO PRÍNCIPE, DANDO DE OMBROS. – MAS QUE IMPORTÂNCIA TEM ISSO PARA VOCÊ? (SAINT-EXUPÉRY, 1986, P. 117–118).

Na primeira visita, o Príncipe viu apenas o lado negativo da vaidade, ou seja, a arrogância que faz alguém se considerar superior às outras pessoas, muitas vezes sem qualquer circunstância que justifique um conceito tão elevado de si mesmo.

Nessa segunda viagem àquele planeta, no entanto, ele conseguiu perceber um aspecto diferente: a vaidade não deixa de ser um dos componentes da autoestima, e, quando bem dosada, pode se guiar por valores como a busca de aperfeiçoamento constante, a ambição, o crescimento pessoal e profissional e a busca da recompensa pelo esforço.

A busca exagerada por *status* e a arrogância, em doses excessivas, porém, transformam-se em narcisismo – que é o cúmulo da autoestima –, o que pode provocar o isolamento e a paralisia. Afinal, quem já se sente no topo não tem por que tentar melhorar. Esses são casos extremos que, como tais, devem ser evitados. Mas ter orgulho de si mesmo pela maestria, pela alta qualidade na execução e pela excelência nos resultados obtidos não apenas é legítimo como também é altamente estimulante. E, nessa etapa da odisseia, valorizar-se ou reconhecer o próprio mérito é um ingrediente essencial para a caminhada empreendedora.

Esse, aliás, é um divisor de águas que ajuda a compreender a relação entre a valorização pessoal e o sucesso profissional: se a pessoa já tem a autoestima desenvolvida e a reconhece como um dos componentes da atitude empreendedora (como veremos mais a fundo no capítulo 7), a chance de ter sucesso em sua trajetória é expressiva. Se, por outro lado, a pessoa depender do eventual sucesso da iniciativa para alimentar o amor-próprio, a possibilidade de fracasso passa a ser considerável. Nesse caso, a ordem dos fatores altera – e muito – o produto da operação.

Encontrar esse equilíbrio, no entanto, pode não ter sido tão natural no percurso profissional dos seniores. Para as pessoas dessa geração, na grande maioria dos casos, o reconhecimento pelo trabalho nunca foi algo valorizado ou perseguido, visto que a felicidade deveria ser buscada fora daquele ambiente – mas a falta de reconhecimento pelo mérito, paradoxalmente, sempre foi motivo de revolta e de frustração. Essa sensação tendia a se tornar ainda mais acentuada no caso de uma demissão, sobretudo quando a pessoa tinha o nome incluído em um dos planos de reestruturação (que se tornaram comuns a partir dos anos 1990) e, ao arrumar as gavetas para ir embora, via que o colega da mesa ao lado não tinha sido atingido pelo corte; ou, então, quando a demissão acontecia já na reta final da carreira, quando a pessoa estava enxergando a possibilidade de se aposentar. Nesses ambientes, também era comum que os resultados positivos recebessem aplausos coletivos, enquanto as falhas que prejudicavam o bom desempenho eram punidas individualmente.

De qualquer forma, se as pessoas perderam o estímulo por não terem seu valor reconhecido, as empresas também perderam por represar uma energia que poderia ter sido utilizada em seu benefício, aproveitando as características pessoais dos colaboradores. Em um ambiente empreendedor moderno, todos os componentes da autoestima são mobilizadores, e até mesmo um pouco de vaidade é importante para gerar resultados excepcionais. Isso porque o esforço empregado e o sucesso alcançado são a medida da autovalorização: quanto melhor for o resultado obtido com a atividade empreendedora, maior será a autoestima. E quanto maior for a autoestima, maior será o estímulo para a atividade empreendedora.

Por fim, vale destacar a importância de dar aos elogios o peso que eles devem ter e ignorá-los quando se transformam em lisonjas. Os elogios e o reconhecimento almejados pela pessoa de autoestima equilibrada são proporcionais ao êxito e à relevância da atividade realizada. Assim, por meio deles a pessoa é capaz de perceber a dimensão daquilo que fez, mas deve se apoiar nos elogios que recebe não para se vangloriar, e sim para se lançar a desafios ainda mais significativos, sabendo que o aprimoramento e a busca da excelência atrairão ainda mais reconhecimento.

PRISCILA CALLEGARI, 63 ANOS
(CRIADORA DA CIAO MAO CALÇADOS)

A paulistana Priscila Callegari trabalhou por trinta anos com *design* e arquitetura promocional para grandes marcas, possuindo uma carteira de clientes que incluía nomes vistosos do mercado. Aos 51 anos, porém, ela fechou sua empresa de consultoria de varejo e resolveu transformar em negócio uma paixão que compartilha com a maioria das mulheres: os sapatos. Em 2007, Priscila deu início à Ciao Mao, que, com seus "calçados interativos", como ela os chama, pretende oferecer às mulheres uma experiência de compra singular, ao permitir que elas personalizem seus próprios sapatos usando acessórios (como fitas, lenços e elásticos) e tornando os produtos verdadeiras cocriações entre a marca e as clientes.

Para Priscila, o sapato sempre foi uma peça arquitetônica com forma diferente, um objeto de locomoção incrível criado pela humanidade. A busca pessoal pelos próprios sapatos – com modelos diferenciados que uniam arte, qualidade e *design*, e que geralmente eram comprados no exterior – sempre atraía a atenção nos seus círculos de trabalho e de amizade. Essas pessoas seriam suas futuras clientes e seu grande desafio foi justamente o de atender um público que era exigente e ao mesmo tempo carente de produtos inovadores, com *design* original.

O projeto começou três anos antes de Priscila encerrar sua consultoria. Como atendia muitos clientes na área de moda, ela conhecia as tendências e identificava algumas lacunas no mercado, mas não era do setor – conforme percebeu, a maioria dos fabricantes de calçados nasceram, como se diz, "numa caixa de sapatos", isto é, tinham ligações fortes por terem herdado o negócio ou por terem trabalhado nesse segmento. A história de Priscila não tinha, além do gosto pessoal, nenhuma ligação com os sapatos; portanto, ela precisava conhecer profundamente o produto, estudar o sistema de produção e o mercado brasileiro.

Com a ideia na cabeça, Priscila seguiu o roteiro clássico de um candidato a empreendedor: foi fazer cursos, pesquisas, visitas e, com o projeto pronto, procurou o Senai para aprofundar seu conhecimento nessa indústria. Por ser de fora do setor e ter ideias inovadoras, as pessoas a consideravam como "mais uma aventureira querendo uma marca" e juravam que aquele projeto nunca daria certo. No final, com os primeiros modelos prontos, essas mesmas pessoas começam a reconhecer o *design* inovador e o potencial de sucesso dos sapatos. "Desenvolvi um conceito alternativo, alinhado ao espírito do nosso tempo", explica Priscila.

Logo no primeiro ano, Priscila conseguiu o reconhecimento e a certeza de que estava no caminho certo, ganhando o terceiro lugar no prêmio International Design Excellence Award (IDEA), da Sociedade Americana de Design Industrial, desbancando a Nike e outras empresas de grande porte. Também recebeu o ouro no IDEA Brasil 2008, entre outros prêmios importantes da categoria. Como destaque em empreendedorismo, foi selecionada em 2009 pelo Sebrae como uma das "99 Soluções Inovadoras", e pela empresa de consultoria KPMG como um dos "20 destaques do Brasil". O passo seguinte, já depois de alguns anos de empresa, foi se voltar para os mercados externos onde antigamente comprava seus sapatos, além de fortalecer sua plataforma de *e-commerce.*

Na visão de Priscila, a maturidade é um recurso positivo a favor de quem se descobre empreendedor depois de cumprir a primeira etapa da vida profissional. Para ela, a idade, em vez de dificultar, ajuda a romper com as amarras anteriores de trabalho e empreender. A pessoa madura já tem experiência e não tem tanto medo de sair e de "levar tombo", pois sabe que é capaz de levantar-se e ir em frente.

A segurança pessoal da experiência dá coragem, e a possibilidade de criar dá muito prazer: "isso é essencial, é a motivação de vida. Sem isso, ela perde a graça", diz Priscila. Sua fonte de satisfação, no entanto, não é o reconhecimento externo proporcionado pelo trabalho. O que ela busca é o autorreconhecimento pelas próprias conquistas e por conseguir seguir um caminho que ela mesma abriu e consolidou. Ela admite a própria vaidade, mas assegura que o prazer está no processo, por meio do qual sempre está aprendendo.

O PLANETA DO ACENDEDOR DE LAMPIÕES
(NÍVEL DE CONSCIÊNCIA: TRANSFORMAÇÃO)

Neste nível, a pessoa precisa estar aberta para o processo de aprendizado contínuo e para a necessidade de incorporar novas práticas ao próprio repertório, sem dispensar o conhecimento e a experiência acumulados ao longo da carreira. Além disso, precisa ser flexível e estimular a inovação para desenvolver novos serviços, incentivando **uma ação empreendedora que seja capaz de gerar crescimento para todos**. A transformação se inicia, portanto, ao integrar aquilo que é significativo para nós com o impacto positivo que nosso trabalho pode provocar nas outras pessoas. Aquilo que sabemos, as habilidades que desenvolvemos e a busca pelo aperfeiçoamento ganham um novo sentido no momento em que decidimos compartilhar com os outros. A motivação pela transformação tem como propósito a individuação, a ação de encontrar seus próprios valores e caminhos de vida.

Entre os personagens que o Pequeno Príncipe conheceu em sua viagem, o Acendedor de lampiões foi o único que não lhe pareceu ridículo: "Talvez seja porque não se preocupe apenas consigo mesmo" (SAINT-EXUPÉRY, 1986, p. 126), disse o Principezinho num suspiro, minutos antes de seguir viagem e de admitir ter conhecido alguém que era "o único que poderia ser meu amigo" (p. 127). O homem, no entanto, tinha um trabalho monótono e repetitivo: apagava o lampião que havia no planeta tão logo o sol nascia e voltava a acendê-lo assim que o sol se punha. Acontece que o planeta era minúsculo, de modo que sua rotação durava apenas um minuto – e isso exigia que, a cada 24 horas, ele acendesse e apagasse a luz mais de mil vezes. O gesto era mecânico e repetido sem falhas, apenas porque um regulamento obrigava o homem a agir assim.

QUANDO ABORDOU O
PLANETA, [O PRÍNCIPE]
SAUDOU RESPEITOSAMENTE
O ACENDEDOR:
– BOM DIA. POR QUE
APAGOU O LAMPIÃO?
– É O REGULAMENTO –
RESPONDEU O ACENDEDOR.
– BOM DIA.
– O QUE É O REGULAMENTO?
– É APAGAR MEU LAMPIÃO.
BOA NOITE.
E VOLTOU A ACENDÊ-LO.
– MAS POR QUE VOCÊ
O ACENDEU DE NOVO?
– É O REGULAMENTO –
RESPONDEU O ACENDEDOR.
– NÃO ENTENDI – DISSE
O PEQUENO PRÍNCIPE.
– NÃO HÁ NADA PARA ENTENDER
– RETRUCOU O ACENDEDOR. –
REGULAMENTO É REGULAMENTO.
BOM DIA. (SAINT-EXUPÉRY,
1986, P. 124)

Encarregado de uma tarefa que realizava apenas pela obrigação de executá-la, o Acendedor de lampiões, na visão do Pequeno Príncipe, era a própria imagem de alguém que não percebia os efeitos de seu trabalho para as outras pessoas (nem para ele mesmo) e que se contentava em seguir uma rotina imposta de cima para baixo.

Na primeira fase de nossas vidas profissionais, pode ser que tenhamos essa tendência de fazer como o Acendedor: cumprimos as tarefas sob nossa responsabilidade da melhor forma possível, mas sem necessariamente nos preocupar em conhecer o motivo que nos leva a realizá-las nem em avaliar os efeitos que elas têm para outras pessoas. E, mesmo não gostando do que fazemos, continuamos a reproduzir mecanicamente os mesmos movimentos, a seguir as mesmas rotinas, sem nos preocupar em dar ao nosso trabalho um sentido que o torne mais interessante.

No entanto, todo e qualquer trabalho que realizamos, por mais mecânico e alienante que seja, gera consequências; e o significado positivo vindo dele pode ser um motivador para encontrar equilíbrio entre a vida pessoal e o trabalho, bem como para ampliar seus limites de satisfação. Embora não se desse conta, o Acendedor de lampiões realizava uma atividade rotineira que ia muito além da obrigação de cumprir o regulamento, e o Pequeno Príncipe parece chamar sua atenção para esse fato:

QUANDO ACENDE O LAMPIÃO,
É COMO SE FIZESSE NASCER UMA
ESTRELA A MAIS, UMA FLOR A
MAIS. QUANDO APAGA O LAMPIÃO,
FAZ DORMIR A FLOR OU A
ESTRELA. É UMA BELA OCUPAÇÃO.
É VERDADEIRAMENTE ÚTIL,
ALÉM DE BELA. (*IBIDEM*)

Nessa segunda viagem, portanto, o Pequeno Príncipe observa que o Acendedor é muito dedicado: seu esforço para manter a qualidade e a produtividade também pode ser visto como responsabilidade.

Além disso, como ele nunca havia aprendido a olhar além do movimento mecânico de apagar e acender o lampião, o Acendedor nunca fora capaz de perceber – ou de desejar – um efeito positivo de seu trabalho para outras pessoas.

Esse ponto pede nossa atenção. Chega um momento da vida em que a satisfação das necessidades pessoais deixa de ser suficiente para nos motivar a realizar as tarefas profissionais, e a insistência em repetir o padrão de sempre, com o foco na eficácia e na produção – isto é, fazer bem o trabalho apenas para atingir um resultado planejado – acaba se transformando em fonte de frustração e aborrecimento. Começamos a apontar defeitos no trabalho – a considerá-lo "terrível", como fez o Acendedor –, como se não houvesse nada que pudéssemos fazer para melhorar a situação. O problema, muitas vezes, não está na atividade em si, mas na nossa forma de encará-la. Por isso, uma decisão importante, que nos leva a dar ao trabalho um novo significado, é a de fundir as razões pessoais que nos levam a executar nossas tarefas com o efeito dessas ações sobre as pessoas que estão à nossa volta. É neste ponto que passamos a desejar algo mais, um trabalho com sentido.

A transformação é possível em qualquer fase da carreira e em qualquer ambiente profissional. Se a pessoa trabalha com carteira assinada e pretende prolongar sua permanência na empresa, por exemplo, pode se transformar em um intraempreendedor e, com isso, aumentar seu valor profissional e gerar ainda mais benefícios para a organização. Ela passará, então, a compartilhar seu conhecimento e sua experiência visando beneficiar os colegas. As atividades sob sua responsabilidade deixam de ser uma contribuição positiva apenas para a própria carreira e passam a ter um significado maior, já que os benefícios que geram para os colegas, para os clientes e, claro, para a própria empresa dão mais sentido a suas ações.

A grande oportunidade de transformação para os seniores, no entanto, está fora do mundo corporativo: as possibilidades de combinar a coragem, a responsabilidade e o desenvolvimento pessoal em torno de uma atividade que consolide a integração entre as razões internas para trabalhar e as consequências externas da atividade são infinitas, sobretudo para quem faz a escolha empreendedora. Essa pessoa pode se apropriar de tudo o que aprendeu ao longo da vida e utilizar seus conhecimentos em um trabalho educativo, de consultoria ou de produção de conhecimento, por exemplo. Também pode se envolver com alguma atividade que facilite a jornada de outras pessoas, que podem se beneficiar daquilo que o sênior aprendeu

ao longo da vida. Neste nível de consciência, portanto, o foco está no investimento de novas aprendizagens e no desenvolvimento de novos produtos e serviços que proporcionem crescimento profissional e ao mesmo tempo gerem benefícios para outras pessoas.

O primeiro passo para isso, como já ficou claro, está na tomada de consciência da necessidade de mudança. Buscar e encontrar na atividade empreendedora um significado que contemple as necessidades pessoais, mas que também faça sentido e seja útil para as pessoas à sua volta é o grande desafio. Só que agora, em vez de apenas servir de escada para a própria ascensão profissional, ele ganhará mais sentido ao ser compartilhado e utilizado em benefício de outras pessoas.

DAMARES RODRIGUES, 69 ANOS, E JULIO AVILAR RODRIGUES, 68 ANOS (PRODUTORES DE FLORES EXÓTICAS NA CHAPADA DIAMANTINA)

Damares e Julio se conheceram na Universidade Federal de Pernambuco durante a graduação de agronomia, começaram a namorar e se casaram assim que ele se formou. Pouco tempo depois, Júlio prestou concurso e se tornou pesquisador e professor da mesma universidade. Em 1976, surgiu a oportunidade de fazer PhD na Universidade da Califórnia, nos Estados Unidos, e Júlio acabou aceitando, pois ir para lá era um sonho pessoal seu. Damares, que naquela época era sócia de uma empresa de paisagismo em Recife, largou tudo e foi com ele. Enquanto Júlio frequentava as aulas, ela fez muitos cursos e se especializou em floricultura e paisagismo.

Quando voltaram ao Brasil, Damares assumiu uma vaga de agrônoma e em seguida também se tornou professora na universidade. Ela se aposentou em 2000 e já estava fora da universidade quando Júlio aproveitou as licenças-prêmio acumuladas para voltar aos Estados Unidos. O casal foi contratado por uma empresa de San Diego, na Califórnia, para produzir flores exóticas, como cactos, suculentas e também os *adeniuns* – que é o nome oficial da planta conhecida aqui como "rosa-do-deserto". Na volta, trouxeram sementes da flor e logo começaram a aclimatá-las às condições do solo e do clima brasileiros.

Entre 2001 e 2010, período em que Damares trabalhou como consultora agrônoma e Júlio retornou à vida acadêmica, os dois compraram uma fazenda nas imediações de Recife e começaram a produzir as flores, bem como algumas espécies de orquídeas e outras plantas ornamentais, além de frutas típicas brasileiras. Júlio se aposentou em 2010 e, no ano seguinte, o casal se mudou para a Bahia, onde começou a cuidar de suas rosas-do-deserto nas terras de um parente. Em 2013, compraram o sítio em Morro do Chapéu, na Chapada, e, cientistas que são, não se limitaram a reproduzir e plantar as rosas-do-deserto: eles desenvolveram novos tipos e cores da planta, que ainda é rara no Brasil, e ainda produzem o substrato de solo mais adequado para a espécie. Além disso, e aproveitando o potencial turístico da região, abrem o sítio para visitas científicas de pessoas interessadas em conhecer o trabalho do casal e a riqueza da diversidade natural da Chapada Diamantina. Pensando em projetos futuros para a região, em 2017 Damares foi eleita presidente da cooperativa de plantadores e produtores de uva da Chapada Diamantina: seu sonho para o Morro do Chapéu é que ele se torne uma região vinícola inspirada no Napa Vale e na zona de Sonoma, na Califórnia. (No Brasil, os produtores aclimatam uvas na região com o apoio da Embrapa.) Os planos de Júlio incluem uma fazenda maior, também na Chapada, para poder ampliar a produção atual e desenvolver novos produtos, como as tâmaras e outras frutas exóticas.

Como o casal é fluente em inglês, também trabalham buscando atrair estrangeiros que estejam interessados em conhecer os recursos naturais da Chapada Diamantina e dispostos a colaborar com a preservação da região. Querem deixar como legado a capacidade do homem de viver e prosperar respeitando e preservando a natureza.

O PLANETA DO EMPRESÁRIO (NÍVEL DE CONSCIÊNCIA: AUTORREALIZAÇÃO)

Barrettt considera que a característica principal neste nível é o que denomina de "coesão interna", isto é, a busca de um "eu autêntico". Isso significa que a pessoa precisa alinhar seu propósito pessoal com seu trabalho diário, equilibrando a prosperidade com o crescimento pessoal em relação às atividades que escolheu para realizar. Gostar de desafios, estar disposta a empreender com base em algo inusitado que requer paixão e ousadia são importantes para o nível de consciência. A motivação pela autorrealização tem como propósito encontrar sua vocação, o senso de missão marcado pela empatia e pela compaixão.

Na história do Pequeno Príncipe, quando ele conhece o personagem do Empresário, aos seus olhos a atividade daquele homem sisudo não fazia o menor sentido. Sentado atrás de uma escrivaninha, o Empresário sequer se deu ao trabalho de levantar a cabeça no momento em que o menino o visitou em seu planeta. Além de não cuidar da própria saúde, como ele mesmo admitia, o homem usava a atividade profissional e o excesso de responsabilidades que alegava ter para justificar a falta de tempo para tudo que não fosse trabalho. Trazia um cigarro apagado entre os lábios, fazia contas em voz alta e dizia números sem sequer saber a que se referiam:

– MILHÕES DE QUÊ?
O EMPRESÁRIO COMPREENDEU QUE NÃO HAVIA HIPÓTESE DE TER PAZ.
– MILHÕES DESSAS PEQUENAS COISAS QUE A GENTE ÀS VEZES VÊ NO CÉU.
– MOSCAS?
– NADA DISSO, PEQUENAS COISAS QUE BRILHAM.
– VAGA–LUMES?
– QUE NADA! PEQUENAS COISAS DOURADAS, QUE FAZEM SONHAR OS DESOCUPADOS. MAS EU SOU UM HOMEM SÉRIO. NÃO TENHO TEMPO PARA DIVAGAÇÕES.
– AH, ESTRELAS!
– ISSO MESMO. ESTRELAS.
(SAINT–EXUPÉRY, 1986, P. 121)

O Empresário sempre se definia como "um sujeito sério", que gostava de exatidão. Ele tinha, pelas próprias contas, mais de quinhentos milhões de estrelas e se colocava o desafio de aumentar essa quantidade trabalhando com afinco, e, sob esse ponto de vista, ninguém tinha motivos para criticá-lo.

Na primeira visita do Pequeno Príncipe, podemos dizer que esse homem de negócios representava sua época, com o foco somente na produtividade e no acúmulo de dinheiro, mas agora essa visão está em transição. Em seu retorno ao planeta, o Pequeno Príncipe reconhece que o desejo de gerar riquezas e prosperar, por si só, não é condenável. Muito ao contrário: formar um patrimônio abundante por meio de um empreendimento e fazer isso de forma ética, mais do que uma meta perfeitamente legítima, pode ser visto como a medida de uma carreira bem-sucedida. Um sujeito que tem paixão pelo que faz e quer sempre prosperar, gerar valor, não está errado: a prosperidade comumente é o resultado de uma atividade desafiadora e apaixonante para o executor, que nesse caso é um empresário. O condenável, no entanto, é o excesso.

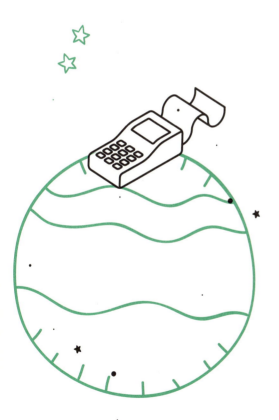

O problema, mais uma vez, está justamente na definição de uma medida para que a quantidade acumulada de bens deixe de ser aceitável e passe a ser vista como excessiva. Sendo assim, o condenável não está no tamanho do patrimônio nem no lucro da empresa, e sim no ponto em que a riqueza se torna um fim em si mesma e o dinheiro não é usado para financiar a criação de novos empregos, para firmar novas parcerias ou contribuir com a sociedade, recolhendo os tributos ou de forma direta. **Na primeira visita, o Príncipe também deixou de perceber detalhes fundamentais, como a criatividade e o senso de oportunidade.** O Empresário conta as estrelas e as tem como seu patrimônio porque foi o primeiro que teve a ideia de se apropriar delas:

– QUANDO VOCÊ ENCONTRA UM DIAMANTE QUE NÃO É DE NINGUÉM, ELE É SEU. QUANDO VOCÊ ENCONTRA UMA ILHA QUE NÃO É DE NINGUÉM, ELA É SUA. QUANDO TEM UMA IDEIA ANTES DOS OUTROS, VOCÊ A REGISTRA E ELA PASSA A SER SUA. EU POSSUO ESTRELAS PORQUE NINGUÉM, ANTES DE MIM, TEVE A IDEIA DE POSSUÍ-LAS. (SAINT--EXUPÉRY, 1986, P. 122)

Ter uma ideia que não tinha ocorrido a ninguém antes é um sinal de criatividade – e colocar em prática um projeto que se baseia em uma ideia original é o principal fundamento para uma empresa empreendedora.

O Príncipe ouviu tudo o que o homem tinha a dizer, fez todas as perguntas que quis e, antes de ir embora, revelou a ele sua opinião a respeito do patrimônio que ele tinha deixado em seu planeta. Para o pequeno viajante – e sua visão ajuda a dar um sentido mais completo ao nível da autorrealização –, acumular riqueza não é suficiente. O círculo se completa no momento em que possuir o patrimônio não basta para assegurar a satisfação pessoal, e a pessoa passa a orientar o próprio trabalho no sentido de gerar benefícios para

a comunidade da qual participa e na qual convive. Ao empreender, trata-se, portanto, de alinhar o foco de si com o impacto que o seu trabalho causa nas pessoas à sua volta. A satisfação pessoal, no caso, consiste em identificar-se como gerador da satisfação no outro.

– EU [...] POSSUO UMA FLOR QUE REGO TODOS OS DIAS. POSSUO TRÊS VULCÕES QUE LIMPO TODAS AS SEMANAS E LIMPO TAMBÉM O QUE ESTÁ EXTINTO. A GENTE NUNCA SABE. É ÚTIL PARA MEUS VULCÕES, É ÚTIL PARA MINHA FLOR QUE EU OS POSSUA. MAS VOCÊ NÃO FAZ NADA DE ÚTIL ÀS ESTRELAS. (SAINT-EXUPÉRY, 1986, P. 123)

Será que aquele Empresário não poderia estar preservando as estrelas para que elas continuassem brilhando em benefício das pessoas que admiram a beleza da noite, e não se apropriando delas, como entendeu o Príncipe na primeira viagem? Sua missão, nesse caso, poderia ser mapear e registrar as estrelas para que fosse possível localizá-las e para permitir que elas fossem admiradas por habitantes de outros planetas, por exemplo.

Esse é um aspecto importante para chamar a atenção das pessoas que, ao empreender depois de décadas de atividade profissional, procuram dar um novo significado ao próprio trabalho: quem irá se beneficiar e qual será sua contribuição à comunidade?

Definir uma missão à própria atividade e exercê-la com generosidade são algumas das características do nível de consciência relacionado à autorrealização. Neste nível de consciência, a pessoa se motiva também em desempenhar o papel de tutor das pessoas à sua volta e de ser inspirador para outros. O desafio de dar ao negócio um significado junto à comunidade e ter uma missão para cumprir é que faz a pessoa acordar com entusiasmo todos os dias.

MÁRIO ROTHSCHILD, 79 ANOS (PROPRIETÁRIO DA POUSADA ENSEADA DO ESPELHO, NA BAHIA)

O carioca Mário Rothschild é filho de imigrantes alemães que se mudaram para o Rio de Janeiro nos anos que antecederam a Segunda Guerra Mundial, fugindo da perseguição nazista. Desde cedo, Mário ajudava a mãe, que passou a alugar quartos para as pessoas que chegavam na então capital da República, transformando a casa em uma espécie de pousada. Na adolescência, Mário ingressou na Força Aérea Brasileira, tornou-se oficial e chegou ao posto de major. Era essa sua patente quando decidiu trocar a vida militar por uma carreira civil, tornando-se piloto das linhas internacionais da Varig, que, na época, era a principal companhia de aviação do Brasil.

Certa vez, em férias com a esposa Valéria, que era comissária de bordo na mesma empresa, foram passar uma temporada na cidade de Porto Seguro, na Bahia. Foi durante o período de descanso e observando a rotina do proprietário do lugar em que se hospedou que Mário resolveu mudar novamente de vida e virar "dono de pousada". Ser proprietário de uma pousada à beira-mar costuma estar entre as primeiras opções de quem decide empreender no momento da aposentadoria, atraído pela ilusão de uma vida tranquila. Em 1989, ele se tornou dono de uma pousada instalada de frente para o mar em Porto Seguro.

O estabelecimento logo deu certo e cresceu, até o momento em que Mário percebeu a mudança do perfil dos turistas que frequentavam a cidade. Seu negócio, voltado para a oferta de serviços personalizados, não teria chances de sobreviver em um ambiente dominado pelas grandes operadoras do turismo de massa, e ele corria o risco de perder seus clientes, pois não daria para oferecer com honestidade a mesma qualidade no serviço. Partiu para os Estados Unidos em busca de uma oportunidade e, aos 58 anos, comprou um hotel na Ilha de Anna Maria, no Golfo do México. Ali, o auge da temporada acontece justamente no período de baixa no Brasil. Além de investir todas as economias do casal, foi necessário assumir um financiamento junto a um banco americano para conseguir fechar o negócio. Seu desafio foi recuperar um negócio falido e passar a contribuir para o desenvolvimento de um novo grupo de funcionários, dessa vez de outra localidade. O novo negócio também foi bem-sucedido.

Mais confiante e de volta ao Brasil, Mário vendeu a pousada de Porto Seguro e comprou um terreno à beira-mar na Praia do Espelho, entusiasmado com a beleza da região de Trancoso, um local ainda inexplorado e tranquilo, onde construiu uma pousada de charme. Naquela época, aos 63 anos, parar de trabalhar não era uma alternativa para ele, que já estava apaixonado pelo negócio. Mário encontrou sua missão, o chamado da infância, que, como sua mãe, era receber pessoas e proporcionar conforto e excelência.

Mais do que o sucesso do negócio, o que chama a atenção na trajetória de Mário é a paixão e a disposição para continuar expandindo a área que escolheu para realizar sua missão, e o fato de que a comunidade, o entorno, também fazem parte do seu negócio.

O fim do casamento com Valéria não significou o rompimento da sociedade que os dois iniciaram quando se estabeleceram em Porto Seguro. Além da hotelaria e do restaurante para os hóspedes nos seus empreendimentos, passaram a oferecer, também, serviços de bar e refeições para os turistas de passagem pela praia nos dias de verão, e seu compromisso com os funcionários e com os moradores locais também faz parte de sua missão. Mário se sente realizado quando evolui no seu desafio de integrar as opções de serviços locais com o padrão elevado de atendimento aos clientes e a preservação de valores e da cultura da comunidade.

O segundo casamento, com a primeira namorada da juventude, Rose, significou, também, a possibilidade de realização de alguns sonhos. Ele e Valéria, que também se casou novamente, se revezam à frente dos negócios e, com isso, os dois casais passaram a ter direito a períodos mais prolongados de férias – e, então aos 70 anos, Mário passou a incluir experiências especiais e aventuras que lhe trouxessem divertimento e alegria de vida.

Hoje, aos 79 anos, ele ampliou a pousada e, para ter um desafio mais a longo prazo, iniciou o projeto de um estabelecimento nas serras paulistas; afinal, o inverno na praia é muito calmo para ele. Mário sabe que sua energia de vida está na paixão pelo que faz.

O PLANETA DO GEÓGRAFO (NÍVEL DE CONSCIÊNCIA: DIFERENCIAÇÃO)

A motivação de diferenciação é poder realizar seu propósito juntando forças com outras pessoas para fazer mudanças e alavancar o seu impacto no mundo. Duas das características que Barrett identifica na atuação de quem procura fazer a diferença para a sociedade são justamente a capacidade de **firmar parcerias com pessoas que têm os mesmos propósitos e um forte sentimento de interdependência com a comunidade local**. E o Geógrafo, na história do Pequeno Príncipe, demonstrava ter ambas.

Nas cinco visitas que fez antes de chegar ao planeta do Geógrafo, o Príncipe sempre conduzia as conversas com os personagens que encontrou. Foi assim com o Beberrão, com o Rei, com o Vaidoso, com o Acendedor de lampiões e com o Empresário: a cada um ele fez perguntas que o ajudaram a formar um juízo sobre seus interlocutores, mas falou pouco de si e não revelou detalhes de seu mundo. O Príncipe ficava atento a tudo e, sempre tendo seu planeta e seus valores como referência, dedicou-se a interrogar, e não a estabelecer laços que possibilitassem, mais tarde, aprofundar o relacionamento com aquelas pessoas.

Em todo caso, nenhum dos personagens tampouco procurou saber quem era aquele menino e de onde ele havia surgido. No sexto planeta, porém, foi diferente: a primeira pergunta do diálogo que se iniciou com a chegada do Príncipe não foi feita por ele, e sim pelo Geógrafo que lá vivia, que lhe perguntou de onde vinha. Nessa primeira visita, ele é apresentado como um velho senhor que escrevia livros enormes, e não apenas foi o único que se interessou em saber sobre a origem do Príncipe como também foi o único a reconhecer que ele poderia realizar um trabalho importante:

"Mas você... você vem de longe! Deve ser explorador! Quero que descreva seu planeta!" (SAINT-EXUPÉRY, 1986, p. 129).

Apesar disso, a sintonia entre o Geógrafo e o Pequeno Príncipe não foi imediata. Tão logo se conheceram, o menino rapidamente ficou decepcionado com o fato de que o homem, mesmo habitando o maior dos planetas visitados até ali, nunca deixara sua escrivaninha, nem mesmo para conhecer o mundo em que vivia. Do ponto de vista do viajante, era inconcebível que alguém que dizia saber onde se encontram os mares, os rios, as cidades, as montanhas e os desertos jamais tivesse viajado pelo próprio planeta e nunca tivesse se preocupado em descobrir, por conta própria, se de fato havia oceanos e montanhas por lá.

> – NÃO SEI DIZER – RESPONDEU O GEÓGRAFO.
> – E CIDADES, E RIOS, E DESERTOS?
> – TAMBÉM NÃO SEI DIZER – REPLICOU O GEÓGRAFO.
> – MAS VOCÊ NÃO É GEÓGRAFO?
> – SIM, MAS NÃO SOU EXPLORADOR. FALTAM-ME EXPLORADORES. NÃO CABE AO GEÓGRAFO CONTAR AS CIDADES, OS RIOS, AS MONTANHAS, OS MARES, OS OCEANOS, OS DESERTOS. O GEÓGRAFO É

IMPORTANTE DEMAIS PARA ANDAR POR AÍ. NÃO SAI DO SEU ESCRITÓRIO. MAS ELE RECEBE OS EXPLORADORES. ELE OS INTERROGA E TOMA NOTA DE SEUS RELATOS. E SE OS RELATOS DE ALGUNS DELES LHE PARECEM INTERESSANTES, O GEÓGRAFO MANDA INVESTIGAR ACERCA DA PROBIDADE DO EXPLORADOR. (SAINT-EXUPÉRY, 1986, P. 129)

O Pequeno Príncipe tinha razão ao se decepcionar com a imobilidade do velho senhor; porém, observando por outro aspecto, ele também não percebeu uma possibilidade de parceria que estava à sua frente. O Geógrafo sabia da importância de seu próprio trabalho, mas admitia que, sozinho, não teria êxito – ou seja, sem a colaboração dos exploradores e sem as informações sobre os mares, as montanhas e os desertos trazidas por eles, não seria possível escrever seus livros.

Pela lógica da parceira, faz sentido a iniciativa de procurar estabelecer uma relação de confiança com os exploradores – isto é, com seus fornecedores. Isso justifica a preocupação do Geógrafo com a "probidade" do explorador: "O explorador que mentir produzirá catástrofes nos livros de geografia", observa o homem. Pela mesma lógica, faz sentido rejeitar a colaboração de exploradores que bebessem demais, "porque os bêbados veem tudo em dobro. E assim, o geógrafo anotaria duas montanhas onde há apenas uma" (*ibid.*, p. 129). Tudo isso significa o estabelecimento de regras para as parcerias que pretende firmar: seu objetivo é se cercar de quem tenha condições de ajudá-lo a fazer a diferença e resolver grandes problemas.

Nessa segunda visita, portanto, o Pequeno Príncipe reconhece que o Geógrafo é um personagem que fez a diferença na sua viagem e valoriza seu conhecimento, já que é alguém preocupado em registrar, mapear e organizar o saber e colocar à disposição de todos.

A atitude de mentor e a intenção de estabelecer um relacionamento mais profundo, demonstradas pelo Geógrafo, são típicas de quem se identifica com o sexto nível de consciência: são pessoas empenhadas em fazer a diferença não só na vida de quem está próximo, mas, principalmente, na sociedade da qual fazem parte. Nesse nível, a carga de conhecimento e a forma de utilizá-lo passam a ter um valor mais evidente do que nos demais níveis de consciência.

Assim, quem busca fazer a diferença em sua atividade profissional sabe que tem algo a oferecer, mas demonstra respeito pelo que o outro tem a acrescentar e sempre deseja saber mais, mostrando-se disposto a estabelecer alianças estratégicas; além de valorizar o ambiente em que vive e, por essa razão, empenhar-se em preservá-lo.

Um aspecto interessante a se observar é que, nesse nível de consciência, as pessoas muitas vezes já alcançaram um nível de segurança financeira e patrimonial que lhes permite se dedicar ao trabalho sem preocupação, sendo impulsionadas por algum fator externo que as leva a encarar o mundo de uma forma mais colaborativa e a tomar a decisão de fazer sua parte. De um modo geral, essas pessoas são ou se tornaram "desprendidas" e não se preocupam tanto com o que os outros deixam de fazer, mas apenas com as maneiras como elas mesmas podem fazer a diferença na vida de alguém ou de algum local. E viver melhor no último dos planetas que o Pequeno Príncipe visitou em sua jornada: a Terra.

HOWARD WEINSTEIN, 73 ANOS
(FUNDADOR DA SOLAR EAR)

Howard Weinstein é um engenheiro canadense de 73 anos que vive no Brasil desde 2010. Ele é o fundador da Solar Ear, um negócio social que produz aparelhos auditivos alimentados por baterias recarregadas com energia solar. Os equipamentos são destinados a pessoas de baixa renda, principalmente crianças, do Brasil, da China e de países da África. A empresa começou a atuar em 2002 em Botswana, mas sua história iniciou um pouco antes.

A escolha empreendedora de Howard nasceu de uma tragédia pessoal. Quando ainda vivia no Canadá, ele dirigia uma empresa familiar de tubos e conexões, até que tornou o negócio tão lucrativo que uma grande companhia americana se ofereceu para comprá-lo. O acordo com os novos proprietários o mantinha como presidente da empresa por cinco anos. A vida de Howard era tranquila e confortável: ele morava com a esposa e a filha em uma grande casa em Montreal e passava os finais de semana esquiando. Era rico e feliz. No entanto, em uma noite de 1995, Howard perdeu sua filha, então com 10 anos, que faleceu em decorrência de um

aneurisma durante o sono. Na semana seguinte, os donos da empresa que ele presidia consideraram que Howard não tinha condições de trabalhar depois do trauma. Devastado com a demissão, ele se viu em seu deserto pessoal aos 49 anos.

Por três anos tentou retomar a rotina, mas tinha perdido a motivação para trabalhar e não via mais sentido na prosperidade financeira que já havia conquistado. Buscando um sentido para sua vida, foi ser voluntário da World University Service em Botswana. Logo no primeiro dia de trabalho, bateu à sua porta uma professora local que pedia um aparelho auditivo para uma aluna surda. "O nome da menina era Sarah, como minha filha", contou Howard, e aquela não era a única coincidência: a menina africana também havia nascido no mesmo dia de sua filha. Para ele, isso soou como um chamado e deu início a um novo propósito de vida. "Os africanos dizem que a bênção caminha junto da ferida", diz Weinstein.

Howard ficou definitivamente envolvido com a comunidade e resolveu permanecer na África mesmo depois que a esposa decidiu retornar ao Canadá. Suas atenções se voltaram exclusivamente para as pessoas atendidas pela organização e para os problemas auditivos. Howard também percebeu que fornecer o aparelho era a parte mais fácil e barata: o problema das pessoas de baixa renda era mantê-lo em funcionamento, já que o custo anual da reposição das baterias convencionais gira em torno de 50 dólares e, para muitos, isso é uma fortuna. Foi assim que, em 2002, ele criou uma *startup* chamada Godisa Technologies. A ideia desde o início era produzir aparelhos auditivos e baterias a baixo custo, o que também significaria uma oportunidade de trabalho para as pessoas com deficiência, sobretudo para mulheres locais que assumiam sozinhas a criação dos filhos. Seus conhecimentos sobre fonoaudiologia inicialmente eram nulos: "Eu não sabia a diferença entre decibel e Tinkerbell", diz ele, brincando com o nome em inglês da personagem Sininho, da história de Peter Pan.

Após quatro anos em Botswana, Howard foi convidado para vir ao Brasil. Na época, a menina Sarah já havia crescido e estava preparada para fazer a gestão da empresa na África. Juntos, eles poderiam transferir seus conhecimentos para outras localidades. A despeito da burocracia local, a Solar Ear, seu negócio no Brasil, foi implantada com o apoio de engenheiros da Universidade de São Paulo. Hoje em dia, deficientes auditivos de mais de trinta países já foram beneficiados pela empresa.

Em 2017, a Solar Ear ficou entre as finalistas do Bright Minds Challenge, desafio global que identifica soluções inovadoras usando energias limpas. Howard não patenteou nenhuma de suas invenções: "Quero mais é que copiem, assim o poder de distribuição seria muito maior do que jamais teremos". Além disso, uma parte dos lucros da empresa é reaplicada em suas missões sociais, como na capacitação de jovens surdos para trabalhar com microeletrônica no Brasil e na China, ou para ações de prevenção da aids na África.

O PLANETA TERRA (NÍVEL DE CONSCIÊNCIA: SERVIR)

Neste nível, a pessoa busca agir para o bem da humanidade e da vida na Terra, comprometendo-se com a **criação de um futuro sustentável e com o bem-estar das futuras gerações**. Este nível é praticamente uma continuação, uma versão aprofundada do anterior. Valores como a humildade e o altruísmo estão presentes na atuação empreendedora, abarcando altos padrões éticos, bem como um ativismo global na busca por justiça social e pela defesa do meio ambiente. A motivação para o serviço tem como propósito dar suporte ao bem-estar da comunidade, não importando o que se faça para realizar esse chamado.

A Terra, conforme percebeu o Pequeno Príncipe ao chegar à última escala de sua viagem, "não é um planeta qualquer" e não oferece, como nos anteriores, apenas uma possibilidade ou um padrão de relacionamento: "Contam-se lá cento e onze reis (não esquecendo, é claro, os reis negros), sete mil geógrafos, novecentos mil negociantes, sete milhões e meio de beberrões, trezentos e onze milhões de vaidosos" (SAINT-EXUPÉRY, 1986, p. 132). Essa diversidade de profissões, de raças, de situações e de uma série de outras condições não mencionadas pelo Príncipe oferece milhares de alternativas: para cada resultado que se pretende alcançar, há mil caminhos que podem levar a ele. Na complexidade da Terra, as perspectivas se ampliam e se alteram permanentemente.

No entanto, ao chegar ao planeta, o Pequeno Príncipe não deparou com ninguém à espera de suas perguntas, então ele se viu na obrigação de se mover para poder encontrar as pessoas, que se espalham por ambientes diversos e distantes. E assim, "tendo andado muito tempo pelas areias, pela rocha e pela neve, descobriu, enfim, uma estrada. E as estradas vão todas na direção dos homens" (*ibid.*, p. 138).

Assim também é a procura por pessoas com quem estabelecer laços profissionais: **centenas de possibilidades se oferecem para todos nós e é justamente essa multiplicidade que exige que a escolha seja feita com cuidado e com critério.**

Desde essa primeira viagem do Pequeno Príncipe, podemos dizer que a Terra mudou muito, tornou-se mais complexa, abarcando cada vez mais pessoas, e segue sendo cada vez mais diversa e mais conectada.

Se no planeta do Pequeno Príncipe uma única flor concentrava todos os talentos, na Terra ele se deparou com cinco mil rosas – ou seja, com cinco mil possíveis fontes de talento que podem se converter em alternativas profissionais. Não se trata, aqui, apenas de chamar atenção para a metáfora encontrada na obra: nunca as alternativas profissionais foram tão diversificadas e promissoras **e nunca houve uma multiplicidade de talentos semelhante à desse momento em que os seniores, devidamente requalificados, veem-se diante da oportunidade de se manter ativos** e de retornar ao mercado de trabalho na condição de empreendedores.

Reforçamos que, nesse processo de requalificação, um dos pontos de vista que precisam ser alterados diz respeito ao próprio conceito do que vem a ser um negócio ou de qual será o formato de uma empresa neste novo milênio. Uma das primeiras mudanças de paradigma refere-se às próprias questões físicas do negócio: quem seria capaz de acreditar, no século passado, que uma empresa sem uma sede imponente, sem escritórios movimentados e sem uma linha de produção moderna fosse capaz de faturar milhões de dólares e de se firmar entre as mais valorizadas do mundo? Pois, no século XXI, essas possibilidades não apenas se mostraram concretas como significaram uma ruptura com as formas tradicionais de prestar determinados serviços em qualquer parte do mundo. Muitas dessas novas empresas têm em comum, ainda, o fato de não demandarem capital para a aquisição dos equipamentos e das instalações necessárias à prestação do serviço: como já mencionamos, no caso da Uber ou do Airbnb, por exemplo, quem faz o investimento é o proprietário da casa ou do automóvel colocado à disposição do hóspede ou do passageiro. Outra característica que elas têm em comum é o foco na necessidade do cliente, na carência do mercado por certo tipo de serviço e na disposição das pessoas em se colocarem a serviço de suas plataformas.

Em suas caminhadas pela Terra, o Pequeno Príncipe encontra "um vendedor de pílulas aperfeiçoadas que aplacavam a sede. Toma-se uma por semana e não é mais preciso beber" (*ibid.*, p. 150). Tratava-se de alguém que vendia um produto exclusivo destinado a resolver um problema real e específico de uma forma nunca tentada antes. Independentemente da carga de imaginação contida no invento mencionado pelo Principezinho, é evidente que qualquer produto ou serviço que consiga suprir uma necessidade de uma forma inovadora tem grande possibilidade de sucesso.

Em um ambiente como esse, a capacidade de inovar e de encontrar uma nova maneira de atender a velhas e novas necessidades passa a ser não apenas uma exigência, mas também uma fonte inesgotável de oportunidades. A pergunta é: por que os seniores não podem, também, criar negócios que atendam não só à sua própria faixa etária (que é um mercado em expansão), mas também às pessoas mais jovens? A resposta, evidentemente, é que não existe qualquer tipo de empecilho e tudo depende fundamentalmente da percepção da oportunidade e da atitude de explorá-la.

FABIO OTA, 55 ANOS
(FUNDADOR DA ISGAME
– INTERNACIONAL
SCHOOL OF GAMES)

Fabio só se deu conta de que era um empreendedor sênior quando foi convidado para uma entrevista, e a condição para a reportagem ocorrer era o fato de ter começado a empresa depois dos 50 anos. Em 2014, ele fundou a ISGAME, uma escola com o objetivo de ensinar crianças, jovens e principalmente idosos a desenvolver jogos, utilizando uma metodologia que, além de ser divertida, também é um exercício mental que estimula e desenvolve as capacidades cognitivas de raciocínio, memória e criatividade. Na prática, o essencial é manter o cérebro ativo.

Fabio já tinha sido inovador aos 27 anos, quando montou sua primeira empresa de games, algo que na época ainda não era muito comum; no entanto, enfrentou muitas adversidades no negócio, que sobreviveu por doze anos até fechar. Fábio então entrou no mercado corporativo e trabalhou por muitos anos como gerente de TI em grandes empresas. Em 2014, estimulado por seu filho adolescente, ele voltou a empreender e montou uma nova escola, retomando um velho sonho de capacitar pessoas maduras.

A inspiração para o negócio atual surgiu ao acompanhar sua esposa a uma sessão de terapia de neurofeedback, para mapear o funcionamento cerebral. Observando os exercícios, Fábio viu que eram muito parecidos com os videogames que produzia. Ele logo propôs uma parceria à fisioterapeuta em questão, para utilizarem videogames com idosos. Com outros três pesquisadores, doutores em gerontologia e em psicologia, passaram a desenvolver a metodologia da empresa sob o mesmo propósito: o de ajudar as pessoas a envelhecer de forma mais saudável, ativa e integrada ao mundo da tecnologia. Em 2015, eles se inscreveram no Programa Inovativo para Pequenas Empresas da Fundação de Amparo à Pesquisa do Estado de São Paulo (Fapesp) e foram aprovados, recebendo financiamento para comprovar a relação entre os games e a melhoria cognitiva dos maduros. Assim começaram a empreender.

Em 2019, a ISGAME foi selecionada para fazer parte do grupo de empresas do Programa Estação Hack para aceleração de *startups* do Facebook, em parceria com a Artemisia, cujo objetivo é apoiar *startups* com projetos de grande impacto social. A ideia de Fábio é uma iniciativa inovadora que, além de proporcionar bem-estar psicossocial ao idoso, melhora a autoestima de quem muitas vezes se sente um estranho neste mundo de alta tecnologia. Seu propósito é proporcionar um uso nobre para a tecnologia. Os cursos, além de quebrar paradigmas de idade, ajudam a aproximar gerações diferentes em uma mesma atividade.

DIMAS MOURA, 61 ANOS (INFLUENCIADOR DIGITAL E FUNDADOR DO BLOG MAIS 50)

Dimas começou a trabalhar cedo, casou-se, teve dois filhos e fez carreira como executivo de marketing e negócios em grandes empresas nacionais e multinacionais. Em 2009, foi desligado da empresa em que trabalhava e fez um processo de transição profissional, momento em que o autoconhecimento foi muito importante, pois pôde refletir sobre suas escolhas. Ele decidiu voltar para o mundo corporativo e se preparar para realizar seus projetos pessoais quando estivesse aposentado. Sabia que precisaria ter uma renda financeira que permitisse uma vida simples, mas digna e com qualidade e prazer, ao lado da esposa.

Sua preparação incluiu um curso de educação financeira e formação de *coaching* e muita pesquisa sobre o que fazer depois de se aposentar. Assistindo a um programa na televisão sobre o papel dos *youtubers*, teve a ideia de se tornar influenciador digital voltado para o tema da longevidade, mas não sabia como, pois a reportagem focava apenas em assuntos como maquiagem, moda, gastronomia, etc. Logo em seguida, Dimas foi assistir a uma palestra sobre longevidade na Câmara do Comércio Americano e percebeu que só se falou sobre aspectos negativos da velhice, como casas de repouso, fraldas geriátricas e jazigos em cemitério. Foi então que se deu conta de que poderia desenvolver conteúdo falando de coisas boas para a geração sênior.

Começou a desenhar o modelo de negócio e, quando estava tudo pronto, em 2017, pediu demissão da empresa em que atuava e foi para um evento nos Estados Unidos para aprender mais sobre as melhores cidades no mundo para se viver com qualidade de vida depois da aposentadoria.

Assim, Dimas iniciou seu novo empreendimento. O nome do blog, "Mais 50", não é só por causa da idade, e sim para estimular os seniores a aproveitarem esse tempo de vida com mais qualidade e prazer: é o momento de conhecer mais cinquenta países, assistir mais cinquenta filmes, descobrir cinquenta novos *hobbies*,

fazer cinquenta novas amizades, viver cinquenta sonhos... E outros muitos "cinquentas" que se pode fazer com paixão nessa fase da vida.

Além do blog, Dimas tem um canal no Youtube. Ele mesmo faz o roteiro, grava, edita e divulga os vídeos, com temas como a vida no exterior (melhores locais para passear e viver), vida saudável, economia doméstica e finanças, cotidiano, entre outros. Ele busca compartilhar seu estilo de vida com honestidade e transparência.

O canal já tem mais de 80 mil seguidores, e Dimas sabe que vai crescer muito com as pessoas acima de 50 anos aprendendo a usar as mídias sociais. Seu negócio está baseado em três pilares: ter um propósito, fazer as coisas que gosta sem estresse e ter viabilidade financeira justa. Dimas aderiu a um estilo de vida digno e mais simples, no qual pode aproveitar o tempo para viajar com a esposa e os amigos, investir nos projetos sociais e sensibilizar pessoas da sua geração, mostrando que esse é o momento de saborear a vida com propósito, conforme a proposta de valor de seu projeto.

MARTA MONTEIRO, 64 ANOS, E VERONIQUE FORAT, 65 ANOS (IDEALIZADORAS DA PLATAFORMA "MORAR COM VOCÊ")

Marta Monteiro trabalhava como corretora de imóveis, e Veronique Forat era empresária na área de marketing de relacionamento quando se conheceram durante um curso de reinvenção do trabalho chamado "Reinvente-se", ministrado pelo movimento LAB60+. Ambas estavam insatisfeitas com suas atividades profissionais, que exerciam por quase trinta anos, e estavam preocupadas com a impossibilidade de uma aposentadoria tranquila. Queriam continuar trabalhando, mas em algo diferente, que significasse uma guinada na vida.

Conversando, descobriram que tinham outras circunstâncias em comum: Marta estava procurando, naquele momento, pessoas para morar em um *coliving*, e Veronique já tinha pronto um projeto pessoal de *cohousing*, onde dividiria a moradia com um grupo de amigos. Essa coincidência as aproximou durante o curso, e elas logo concluíram que a ideia de procurar moradias comunitárias para pessoas em idade sênior, além de combinar com seus propósitos pessoais, podia ser uma oportunidade de negócio.

Perceberam que muitos seniores querem o mesmo, mas têm receio de morar com pessoas desconhecidas, com quem apenas dividiriam o espaço. Assim como elas, essas pessoas queriam conviver e se relacionar bem com os outros moradores, e isso exigia a formação de grupos com interesses comuns. O problema não era o lugar: várias plataformas já ofereciam oportunidades de alugar casas ou quartos, mas elas nada diziam sobre as pessoas com quem o espaço seria compartilhado. Ou seja, mesmo sendo uma proposta moderna e em expansão, já difundida em vários centros urbanos, nenhuma plataforma oferecia essa curadoria de relacionamentos entre os candidatos a moradores. Para Veronique e Marta, portanto, a inovação estava na escolha e seleção de pessoas mais adequadas para compartilhar uma moradia, que propiciasse amizade e companheirismo.

Antes de dar qualquer passo, elas fizeram uma pesquisa informal com seniores para verificar se havia mesmo mercado para isso e receberam mais de mil respostas, das quais 85% eram positivas.

Criaram então o *site* "Morar com você", que funciona como um aplicativo de encontros e coloca os interessados em contato com pessoas que tenham algo em comum. Depois de verificarem as afinidades, as sócias fazem a intermediação de encontros virtuais e presenciais para construir relacionamentos entre as pessoas interessadas.

Em 2018, as sócias participaram de um programa de pré-aceleração de *startups* do Sebrae-SP e descobriram que a empresa precisava de alguém que dominasse a tecnologia digital. Identificaram e se associaram, então, a Eugenio Fonseca, analista de sistemas que passou a responder pelo desenvolvimento do *software*. Com o tempo, Marta e Veronique descobriram que o serviço não é demandado apenas por seniores, e a plataforma foi ampliada, de forma que a faixa etária passou a ser apenas uma variável a ser levada em conta na seleção.

A empresa também oferece a possibilidade de moradias intergeracionais, o que ajuda a combater o preconceito etário. O negócio hoje foca em construir novos tipos de convivência, mais respeitosa e generosa, entre as gerações. Elas estão sempre dispostas a se associar a pessoas que tenham os mesmos valores e o mesmo compromisso com uma vida mais comunitária na velhice.

Preservando recursos

Se o século XX já foi um período em que grandes descobertas e invenções geraram grandes negócios, no século XXI isso se amplia, e a tendência que predomina está em encontrar novas aplicações para os recursos existentes, as quais podem fazer a diferença com uma diversidade infinita de modelos de negócios, tipos de serviços e inovadoras formas de reduzir os grandes problemas do mundo como um todo. Assim, a possibilidade de servir ao próprio planeta transforma-se num nível de consciência em que as pessoas sábias e visionárias percebem que as decisões e atitudes postas em prática hoje terão impacto sobre as condições de vida das gerações futuras.

É claro que nem todas as empresas precisam se converter em negócios bilionários: o que caracteriza esse nível não é o resultado financeiro, mas a capacidade que o empreendedor terá de estar a serviço da humanidade e do planeta ao criar seu negócio. Nesse sentido, muitas vezes um olhar atento para o ambiente à nossa volta permite identificar um problema que pode ser de milhares (ou milhões) de pessoas ao redor do mundo, e começar com uma ação local pode ser o impulso disparador para se tornar um empreendimento global, se a atitude for voltada para **servir** e para buscar a integração.

Além disso, depois de séculos de desperdício e de convivência predatória com a natureza, as pessoas finalmente estão se convencendo da necessidade de utilizar os recursos naturais de forma mais racional, tanto como consumidoras quanto como empresárias. Hoje em dia, negócios relacionados à preservação da água, à conversão de energia, à reciclagem ou à reutilização de materiais, por exemplo, transformaram-se em oportunidades concretas que podem ser pensadas como uma atividade econômica, mas também são consideradas um serviço fundamental à humanidade e ao planeta.

Assim, as informações sobre a necessidade de redução das emissões de carbono, sobre o desenvolvimento de fontes de energia limpas e renováveis, sobre os benefícios da alimentação natural – e, de preferência, orgânica –, bem como a condenação às desigualdades e aos conflitos sociais, entre diversas outras questões, puxaram para o centro do palco um debate que apontou a necessidade de negócios sociais voltados para a solução desses problemas. Tudo isso visando à melhora das condições de vida em um planeta que, pelo menos por enquanto, ainda é o único do universo que oferece condições de vida ideais para o homem.

Aliás, é bem verdade que tem gente pesquisando o universo à procura de planetas que ofereçam condições de atmosfera, clima e topografia capazes de acolher a vida humana; mas, enquanto os resultados não aparecem – ou ainda que apareçam –, é nossa obrigação cuidar para que a Terra continue proporcionando condições de vida para nós humanos, que estamos nos tornando cada vez mais longevos, e para outras espécies que compartilham o mesmo ecossistema.

Como conclusão, podemos dizer que a Terra é hoje o planeta da inovação. Assim como as necessidades que foram percebidas pelos empreendedores criativos, que criaram *startups* de tecnologias disruptivas, existe ainda uma infinidade de outras questões, outros problemas e outras oportunidades que podem muito bem ser detectadas por quem já passou dos 50 anos e quer continuar ativo no mercado.

Os seniores já são vistos e tratados como uma força de consumo relevante e em expansão no século XXI. Falta agora que eles próprios se reconheçam como pessoas perfeitamente capazes de competir em condições de igualdade com jovens que têm aquilo que o mercado se habituou a chamar de "ideia matadora" – aquele tipo de solução tão original e inovadora que, depois de implementada, leva outras pessoas a se perguntarem por que não pensaram naquilo antes. Ou, ainda, que considerem a possibilidade de se aliar aos jovens que trazem essas novas ideias de negócios, mas que não se manterão de pé sem o talento e a experiência de quem já tem décadas de experiência na bagagem.

Na história moderna, o mercado de trabalho nunca foi ocupado por tantas gerações ao mesmo tempo, e também nunca foi tão evidente a necessidade de se fazer escolhas relacionadas com o futuro do planeta e, por consequência, com o próprio futuro da espécie humana. Se, por um lado, as incertezas em torno do futuro das empresas e do trabalho se ampliam nesse cenário, por outro, e paradoxalmente, ele oferece as ferramentas para que as escolhas passem a ser feitas sobre bases mais seguras e mais significativas do que antes.

Saída do deserto:
construção da atitude empreendedora

Dando sequência à reflexão feita até aqui sobre os motivos para empreender, sobre as escolhas que se apresentam e sobre a importância de encontrar uma motivação pessoal, o leitor pode estar se perguntando: por onde começo? Há múltiplas possibilidades de resposta, mas sem dúvida elas passam pelo desenvolvimento de uma característica essencial, que já mencionamos algumas vezes nos capítulos anteriores: a atitude empreendedora.

O novo momento exige que os seniores deixem seus pequenos planetas individuais e saiam em busca das soluções para os problemas, e a atitude empreendedora é o primeiro passo dessa jornada – nenhum projeto começa se a pessoa não se põe em movimento numa determinada direção. E, ao contrário da imagem convencional que vê o sênior como alguém incapaz de dar início a novos projetos depois da aposentadoria, caso já não exista como uma condição predisposta, essa atitude pode perfeitamente ser desenvolvida mesmo por quem passou a vida inteira em uma atividade profissional que dispensava esse recurso.

Ter foco no desenvolvimento dessa atitude tem sido algo cada vez mais valorizado em contraposição à ideia tradicional de que apenas o preparo técnico é necessário para se gerir um negócio. Os estudos em torno do assunto tiveram origem com o psicólogo social David McClelland[1] nos Estados Unidos, ainda nos anos 1960.

---

[1] Com base no trabalho desse autor, a Agência das Nações Unidas para o Desenvolvimento criou um programa de formação destinado a capacitar empreendedores e levá-los a desenvolver negócios e a estimular a economia nas regiões menos desenvolvidas do mundo. O programa também é oferecido no Brasil pelo Sebrae, sob o nome de Empretec.

Ao analisar casos de empresários de sucesso no mundo inteiro, McClelland (1976) identificou um conjunto de características e comportamentos que, embora com variações de grau e de intensidade entre um e outro, sempre estavam presentes nas trajetórias de todos os empreendedores por ele estudados. Essas características comportamentais empreendedoras (ou CCEs) seriam então:

1. **Busca de oportunidades e iniciativa:** antecipar-se aos fatos e ser proativo.
2. **Persistência:** enfrentar obstáculos continuamente.
3. **Correr riscos calculados:** assumir desafios e responder por eles.
4. **Exigência de qualidade e eficiência:** fazer sempre mais e melhor.
5. **Comprometimento:** sacrificar-se pessoalmente.
6. **Busca de informações:** atualizar-se constantemente.
7. **Estabelecimento de metas:** formular bem os objetivos.
8. **Planejamento e monitoramento sistemáticos:** antecipar e acompanhar o processo.
9. **Persuasão e rede de contatos:** influenciar e engajar pessoas.
10. **Independência e autoconfiança:** protagonizar suas realizações.

As ideias propostas por McClelland continuam válidas e têm inspirado novos estudos comportamentais, que buscam se adequar às novas condições do século XXI. Um desses estudos é a tese de doutorado do pesquisador sueco Martin Lackeus (2015), cujas ideias foram reunidas no relatório para o Centro de Empreendedorismo da Organização para Cooperação e Desenvolvimento Econômico (OCDE), como uma contribuição para a reflexão sobre a educação empreendedora na Europa.

Lackeus parte do princípio de que a ação do empreendedor deve ser capaz de criar um novo valor para os *stakeholders*, ou seja, para as pessoas importantes do processo, e esse valor pode ser de natureza financeira, cultural ou social. Ele considera que o empreendedor, para se tornar mais criativo, proativo e orientado para as oportunidades, deve desenvolver sete **competências cognitivas**, que ele identificou e classificou como atitudes importantes para quem pretende empreender e criar valor social, voltado para o bem comum. Essas sete competências cognitivas são:

1. Paixão: "eu quero" (necessidade de realização) – As possibilidades de sucesso aumentam na medida em que o empreendedor dirige o foco de seu negócio para a realização de um objetivo que ele realmente considere importante.
2. Autoeficácia: "eu posso" (crença na capacidade de executar com sucesso) – Imaginar-se como sendo a pessoa certa e insubstituível para levar adiante um projeto também é um fator determinante para o sucesso da empreitada. Essa pessoa se considera mais capaz do que qualquer outra para colocar o projeto de pé e fazê-lo prosperar.
3. Identidade empreendedora: "eu sou" (crenças profundas; valores) – Ser empreendedor não pode ser visto como uma situação transitória por parte de quem se lança a um projeto dessa envergadura. Uma vez iniciada a caminhada, ela passa a ser vista como um estado permanente.

4. **Proatividade:** "eu faço" (orientação para a ação; ser um iniciador) – A pessoa proativa tem a capacidade de tomar a frente dos projetos e dar início às empreitadas. Se algo ainda não foi feito é porque ela ainda não havia percebido a necessidade de fazê-lo.

5. **Tolerância a incertezas:** "eu ouso" (abertura a surpresas; adaptabilidade) – Correr riscos calculados é uma característica marcante na trajetória de qualquer empreendedor. Nesse caso, no entanto, a ideia não é a de estar pronto para enfrentá-los, mas a de tomar a iniciativa de correr o risco, de estar preparado para as surpresas e saber se adaptar às situações adversas que surgirem na trajetória do negócio.

6. **Inovação:** "eu crio" (ser imprevisível e quebrador de regras) – Ser inovador não significa reinventar a roda. Significa, ao contrário, valer-se dos recursos existentes e tirar deles os maiores benefícios possíveis, gerando vantagens que abranjam a maior quantidade de pessoas que estiverem a seu alcance. Muitas vezes, o ato de inovar se inicia com um olhar diferente sobre um problema ou uma necessidade qualquer.

7. **Perseverança:** "eu supero" (ser resiliente; enfrentar adversidades) – Ser perseverante é diferente de ser persistente. O persistente é aquele que, diante de uma dificuldade, tenta resolver o problema mil vezes se for preciso, até que sua forma de encarar o fato se imponha sobre a realidade. O perseverante é aquele que, diante da dificuldade, busca formas diferentes de contorná-la e, sempre que possível, transforma aquilo que parecia um obstáculo em um recurso que colocará a serviço de seu projeto.

De qualquer maneira, para desenvolver todas essas competências muitas vezes precisamos modificar nossa mentalidade, o que implica aderir, de forma consciente, a novas crenças não só sobre o mundo e sobre o trabalho, mas também sobre nós mesmos, a fim de estimular sentimentos e emoções positivas e redirecionar nossa postura, orientando-a para realizações que possam engajar outras pessoas. Assim, uma carreira empreendedora pode nos surpreender com um novo "eu". E este jogo pode começar já com quatro ases na mão. São eles:

1. Autoconfiança.
2. Autonomia.
3. Autoatribuição.
4. Alteridade.

Os quatro ases, neste caso, são capacidades psicossociais desenvolvidas a partir de referenciais da filosofia, da antropologia e da psicologia social. Esse conjunto de habilidades pode formar os pilares para uma mentalidade empreendedora, ajudando a entender ainda mais nosso atual modo de agir com propósito e ser protagonista de uma mudança atitudinal.

Autoconfiança

Ter autoconfiança significa, basicamente, acreditar na própria competência para realizar um projeto extraordinário ou para criar uma empresa de sucesso; ou seja, ter convicção em relação à própria capacidade de dar conta e de se colocar em ação para concretizá-lo. Acreditar no caminho escolhido e na própria capacidade de escolhê-lo é condição essencial para o protagonismo de quem inicia uma jornada empreendedora.

A despeito de toda sua importância, no entanto, a autoconfiança talvez esteja entre os recursos que as pessoas consideram mais inacessíveis, e justamente por isso ele é o primeiro a ser abordado por diversos autores, já que sem esse recurso é inútil tentar desenvolver os outros três. Isso porque os efeitos limitantes da falta de autoconfiança são evidentes: ela pode ser a responsável, se não pela chegada ao deserto, certamente pela ideia de que não será possível sair de lá. Para alcançar essa saída, a autoconfiança terá que funcionar como o alicerce capaz de resgatar a autonomia e a autoatribuição e, enfim, ajudar o sênior a assumir o protagonismo da própria jornada.

A falta ou a limitação da autoconfiança propicia a sensação de impotência, abre espaço para o sentimento de incompetência e cria dificuldades para lidar com erros, principalmente pelo medo do julgamento externo, que pode vir de pessoas vistas como portadoras de um conhecimento superior. Outro aspecto da falta de autoconfiança é a resistência para lidar com a autoridade e a dificuldade de defender suas próprias ideias.

Em suas atividades profissionais, muitos seniores da geração *baby boomer* contaram com alguém para apontar o caminho a ser seguido e para indicar as melhores condições de se realizar determinadas tarefas, bem como para avaliar o resultado atingido. Se por um lado tal situação proporcionava às pessoas a segurança de não errar, ou pelo menos de não errarem sozinhas, por outro pode ter consolidado a crença de que nenhuma ação é capaz de conduzir a bons resultados se não receber uma orientação superior de alguém que, no final das contas, será o responsável pelos resultados. Em um cenário como esse, é muito mais difícil desenvolver autoconfiança.

No entanto, ela pode, sim, ser aprendida por quem estiver disposto a se colocar em situações conscientes de desafio, que sirvam como treinos, podendo ser experiências reais ou planejadas de forma educativa.

Antes, porém, é preciso entender as dimensões dessa capacidade humana que, por sua vez, deriva de três outras habilidades. São elas:

a. **autoconhecimento,** ou seja, aquilo que sabemos conscientemente sobre nossas próprias características, habilidades e competências cognitivas;

b. **autoestima,** que é a capacidade de valorizar os próprios atos e de gostar de si mesmo; e

c. **autoimagem,** ou seja, como a pessoa se vê e como ela se mostra.

O autoconhecimento, que é o ponto de partida de todo o processo, nos leva a identificar nossas competências socioemocionais e a conhecer nossa própria potencialidade, assim como a descobrir os pontos que precisam ser aperfeiçoados ou que, estando ausentes de nosso repertório, precisam ser desenvolvidos. Ele permitirá que se distingam as rosas dos baobás, como vimos nos capítulos anteriores.

A ampliação de nosso autoconhecimento e da abertura a novas experiências também conduz ao aumento da autoestima, pois, tendo consciência do que e de como podemos fazer as coisas, experimentamos a sensação de realização e de prazer – isto é, passamos a gostar mais de nós mesmos quando nos saímos bem em situações desafiadoras. À medida que vamos conquistando algo que queríamos com nossas ações, ou que nos percebemos capazes de ultrapassar os obstáculos que antes julgávamos intransponíveis, melhoramos a avaliação de nós mesmos.

A autoestima também acontece quando valorizamos nossas características físicas, sociais, culturais, de gênero, de raça, idade, etc.; ou seja, quando atribuímos valor a nós mesmos pelo que somos e aprendemos a gostar de ser assim. Nossas especificidades nos tornam únicos e especiais, por isso devemos ter orgulho delas.

> Quanto mais conheço minhas características, delimito meus limites e me desafio a ampliá-los, mais gosto de mim mesmo e melhoro minha autoimagem.

A autoimagem é o que nos permite nos apresentar aos outros como somos, sentir segurança ao estar visíveis para as pessoas e ter uma visão mais positiva de nós mesmos. Muita gente não gosta da própria imagem e não se mostra à vontade, por exemplo, quando tem de se apresentar diante de grupos, mesmo que reduzidos, para expor uma ideia ou opinião. O medo de falar em público ou de se expor é um dos mais comuns entre pessoas do mundo todo. Muitas se inibem na hora de falar porque, não tendo uma imagem positiva de si mesmas, com frequência não se julgam capazes e atribuem a outra pessoa o papel de porta-voz de suas próprias ideias. No entanto, lidar de forma positiva e desinibida com a imagem pessoal é o que complementa o circuito da autoconfiança.

É comum, entre os seniores, olhar para aquilo que eram no passado e imaginar que, na juventude, eram melhores do que passaram a ser nessa nova fase da vida: os efeitos da idade sobre o físico e as consequências do envelhecimento sobre a situação social e profissional muitas vezes interferem na autoimagem, prejudicam a autoestima e se intrometem de forma negativa no autoconhecimento. Assim, a autoconfiança se esvai.

É por isso que, na saída do deserto, todos esses pontos precisam ser reavaliados com atenção. É preciso fazer esta engrenagem girar de forma positiva; ou seja, o autoconhecimento, a autoestima e a autoimagem precisam ser estimulados com novas experiências desafiadoras, que abrirão as portas para novas e promissoras possibilidades. Quanto mais presentes essas habilidades estiverem, mais sólida será a autoconfiança.

Para isso, é preciso voltar a se colocar diante de novas situações e ignorar os julgamentos preconceituosos de quem não considera os seniores capazes de realizar tarefas relevantes. A pessoa deve se reconhecer ao se olhar no espelho e deixar de sentir saudade do que era na juventude para, em vez disso, valorizar o fato de ter chegado aonde chegou com tantas possibilidades de atuação à sua frente. Ela se sentirá, então, em condição de assumir o controle da própria trajetória e estará pronta para arcar com as consequências dos acertos e dos eventuais erros – ou melhor, dos novos aprendizados que surgirão nessa nova etapa da jornada. Entre eles, o de empreender depois dos 50.

A autoconfiança é, portanto, a capacidade de se julgar apto a realizar uma ideia ou de se considerar pronto para realizar algo maior e melhor do que você mesmo se propôs a realizar no momento anterior. Deve estar claro, porém, que não se trata de perseguir a perfeição, mas sim de fazer com que cada passo seja melhor do que o anterior. Ao conseguir agir assim, a pessoa consegue um resultado melhor ao se ver e se apresentar diante daqueles com quem precisa se relacionar profissionalmente.

Autonomia

Autonomia é um vocábulo de origem grega cujo sufixo (*nomia*) significa "lei" ou "regra". A palavra, portanto, remete à capacidade da pessoa de tomar decisões e criar regras para si mesma, estabelecendo uma ligação com a autodeterminação e a autoridade sobre suas escolhas.

Uma das confusões mais comuns ao se discutir a autonomia é considerá-la um sinônimo de independência: um conceito facilita a existência do outro, mas eles não são iguais. Um jovem pode depender dos pais – para ter o que comer e onde dormir, por exemplo –, mas ainda ter autonomia para escolher alguns aspectos da vida, como a carreira que pretende seguir. No caso de alguém que decide empreender, a situação é exatamente a mesma: deve haver autonomia, mas não necessariamente independência, a qual, nesse caso, segundo Hashimoto (2006, p. 5), "significa trabalhar sozinho, o que, definitivamente, não é o perfil do empreendedor". Isso porque a condução de seus projetos e a definição de seus objetivos e estratégias de ação continuarão em suas mãos; porém, o empreendedor comumente se relaciona com uma rede de parceiros, sócios e fornecedores e precisa desenvolver com eles uma relação de confiança para conduzir o seu negócio – isso sem falar nos clientes.

Autonomia, portanto, não combina com individualismo: ela pressupõe a combinação da liberdade de ação e da responsabilidade ética. Isso significa que ter liberdade para agir e ser "senhor de si" implica considerar e respeitar o bem comum ao construir seus empreendimentos.

Nesse sentido, o psicólogo Jean Piaget (1994) diferencia a autonomia intelectual da autonomia moral. No âmbito moral, ser autônomo significa ter capacidade de analisar criticamente a obrigatoriedade das normas socioculturais existentes à sua volta e, considerando seus objetivos e sua interação com os grupos a que pertence, aceitar a responsabilidade de escolher e decidir livremente sua adesão a elas ou não. Portanto, o exercício da autonomia está em refletir, ponderar as alternativas e tomar a decisão sobre os parâmetros que delimitarão nossas ações e, de forma livre, escolher quem estará ao nosso lado nesta empreitada. As regras e normas impostas "de fora para dentro" e as influências dos grupos sociais aos quais pertencemos não podem ser os únicos elementos a guiar nossas ações.

É importante ressaltar, porém, que liberdade de ação, nesse caso, não significa *anomia*, que é a ausência de leis – o que pode gerar situações de caos e inatividade. Não se trata de um ambiente onde cada um está por sua própria conta e risco e não precisa levar em conta os interesses dos outros para agir. Também não é possível haver autonomia num ambiente marcado pela *heteronomia*, que é a sujeição a regras impostas por outros contra a própria vontade; princípio em que a regra é inquestionável e diante dela só cabe obedecer e esperar por uma autoridade externa, que define sua forma de agir.

A heteronomia pode ter sido uma situação típica dos ambientes de trabalho que os seniores de hoje conheceram, principalmente nos momentos iniciais de suas carreiras. No entanto, muitas empresas hoje já abandonam essa postura e buscam contratar pessoas talentosas, inovadoras, com iniciativa e com capacidade para decidir em quais projetos desejam atuar. O princípio da autonomia extrema tem sido incentivado nas *startups*, por exemplo, por meio do trabalho remoto, de terceirizações e uso de empresas virtuais, bem como da redução de controles e da autoridade distribuída, o que, segundo Ismail, Malone e Van Geest (2015), agiliza o processo de tomada de decisões e aumenta a satisfação dos clientes.

Assim, **a pessoa autônoma não só expõe seu ponto de vista, mas também escuta as opiniões em seu círculo e compara as alternativas para, só então, tomar suas decisões e agir.**

Autoatribuição

A autoconfiança se mostrará mais eficaz e mais capaz de produzir efeitos se vier acompanhada da **autoatribuição, que nada mais é do que o ato de assumir o comando da própria vida e deixar de responsabilizar as condições do ambiente e as interferências externas pelas consequências de nossos atos.**

Ela se refere àquilo que o psicólogo Julian Rotter (1966) identificou como "*locus* de controle" – isto é, uma categoria psicossocial determinada pela capacidade de atribuir os resultados de uma situação a nós mesmos, pelo esforço e pela competência pessoal, ou a fatores externos, como resultado de sorte, acaso, destino, do poder de terceiros, etc. De acordo com a definição de Rotter, quando atribuímos os resultados de um evento a outras pessoas, nosso *locus* de controle é marcado pela externalidade, o que pode tornar os eventuais fracassos menos dolorosos.

Assim, a pessoa regida pela externalidade geralmente se considera vítima de alguém ou injustiçada pela vida: a culpa dos insucessos sempre é atribuída à incompetência dos políticos, à ação dos filhos ingratos, ao egoísmo dos parceiros ou a condições que não estavam sob seu controle. No trabalho, a culpa pelo fracasso é sempre do chefe, que exigiu a solução de determinada questão de uma maneira com a qual a pessoa não concordava; ou das condições do mercado, que não estava pronto para o produto lançado; ou, ainda, do azar, que não permitiu obter os resultados imaginados.

Além disso, vale lembrar que a mesma força que nos leva a transferir para os outros o fardo das nossas derrotas também nos obriga a terceirizar o sabor das vitórias; ou seja, o resultado positivo de um evento sempre será atribuído a outra pessoa e nunca será percebido como resultado do próprio esforço. Por mais que tenha dependido do nosso conhecimento e do nosso talento, eles nunca serão percebidos como a razão do sucesso – o mérito sempre terá de ser atribuído ao poder do chefe, às condições favoráveis do mercado ou à sorte que nos levou a obter resultados melhores do que os imaginados. Essa postura tira da pessoa o papel de protagonista da própria vida e abala sua credibilidade consigo mesma, de forma que se colocar como vítima ou como espectadora dos acontecimentos amplia ou mantém o sofrimento e o conflito pessoal.

Portanto, a autoatribuição depende, antes de mais nada, de que o *locus* de controle seja marcado pela internalidade – ou seja, pelo gesto de assumir a responsabilidade pelos próprios atos e o protagonismo das ações que empreendemos. Quando isso acontece, a pessoa se apropria dos resultados da própria carreira e seu sucesso passa a não depender mais da empresa para a qual ela trabalha ou da situação do mercado, e sim do próprio esforço, talento e competência. Os erros e fracassos também são atribuídos a si e com isso podem ser analisados e servir como subsídios para novos aprendizados e novas posturas diante das situações.

Esse processo de responsabilização pessoal, isto é, de atribuir a si mesmo o comando de suas decisões está comumente acompanhado de prosperidade. Segundo o historiador americano Charles Duhhig (2016), pesquisas associam a autodeterminação a fatores como o sucesso acadêmico, uma maior automotivação, a maturidade social, uma menor incidência de estresse, casamentos mais duradouros e também ao sucesso e à satisfação profissional. Cristiano Maciel e Camila Camargo (2010) lembram ainda que pessoas próximas, como amigos, filhos e parceiros, comumente são atraídas pela positividade e pela produtividade das pessoas que são movidas pela autoatribuição.

A autoatribuição, portanto, é a relação positiva entre a internalidade e a atitude empreendedora. Como o *locus* de controle é uma categoria sociocognitiva adquirida, ele pode ser alterado, ou seja, uma pessoa pode modificar sua tendência à externalidade para a internalidade e passar a acreditar na sua interferência em relação às situações futuras. Isso requer um grau de consciência acerca da forma de agir em situações sociais, para que a pessoa passe a assumir gradativamente o domínio dos acontecimentos e o controle de suas ações. Mesmo sendo um processo conflituoso em relação a posturas aprendidas socialmente ao longo de nossa vida, desenvolver a autoatribuição é possível e é indispensável para quem pretende abraçar um caminho empreendedor, tendo como consequência agradável a de se sentir digno do próprio sucesso e responsável pelas próprias conquistas.

Alteridade

A alteridade, último dos ases, refere-se ao processo de socialização, ou seja, à importância do outro (do "não eu") na formação da identidade e da subjetividade humanas. Ela parte do pressuposto básico de que todo ser humano interage e interdepende de outros, e que a formação do "eu" pessoal se dá a partir da diferenciação que a convivência com os outros nos proporciona. Isto é, o mundo individual só existe diante do contraste com o mundo do outro.

É dessa mesma forma que, na nossa sociedade, moldamos nossa maneira de pensar e decidimos como queremos ser vistos pelos outros. Criamos, assim, os grupos sociais aos quais nos ligamos e com os quais nos identificamos; e também reconhecemos a existência de outros grupos, dos quais nos distinguimos pela forma diferente de agir e de experimentar o mundo. Em geral, esses grupos são caracterizados e se distinguem entre si por diferenças expressas, como a idade (velhos e jovens), o gênero (homens e mulheres) e a raça (brancos, negros, orientais, entre outras), mas há outras distinções possíveis, como a capacidade física, a posição socioeconômica, os fatores demográficos, etc.

Se por um lado essas divergências podem ser a origem de estereótipos e de preconceitos (que dividem a sociedade entre "nós" e "eles"), por outro pode ser a base para o reconhecimento da diversidade social e para a inclusão do outro a fim de criar um "nós" multicultural. A alteridade deve proporcionar uma coexistência saudável e pacífica com o outro; afinal, é por meio do diálogo e da negociação com os demais indivíduos e grupos que ajustamos nossa identidade e nosso desenvolvimento pessoal.

Conforme diz Brandão (1986, p. 7), o outro reflete a minha imagem espelhada e "muitas vezes é por meio do outro que melhor me vejo". A percepção apurada do estranho, do diferente, valoriza e fortalece a autopercepção daquilo que sou. Por isso, o diferente deve ser compreendido e permeado pela empatia – habilidade que

151

permite se colocar no lugar do outro como se estivéssemos diante de nós mesmos na frente do espelho. Essa possibilidade de troca de visões viabiliza não só se colocar na posição do outro, mas, também, se imaginar em situações que ainda não se concretizaram – até para experimentar a sensação de estar ali – e experimentar outros pontos de vistas, capazes de afinar a visão para as oportunidades.

Segundo Dolabela (2003, p. 59), "o indivíduo deve colocar-se numa 'situação empreendedora' para que a emoção o instigue à busca de realização dos sonhos e desejos e o conduza à construção de um saber empreendedor. Isso quer dizer que não basta assumir comportamentos das listas de características empreendedoras para que alguém se torne empreendedor" – ou seja, também é preciso experimentar-se e sentir na prática como sua ação impacta o seu público.

Assimilar um novo conceito e, a partir dele, tomar decisões e escolher caminhos motivados por uma nova atitude, justamente no momento em que o sênior sente na própria pele a carga de preconceito que ainda pesa contra o idoso, não é um movimento fácil. O desafio é considerável, mas, como já deve ter ficado claro, a maioria dos

movimentos que nos tirarão das situações difíceis que aparecem nesse momento tão importante de transição – quando, em vez da parada esperada, estamos prontos para uma nova largada – depende basicamente de olharmos para dentro de nós mesmos. Se for feito com desprendimento, sinceridade, coragem e humildade, é esse olhar que nos levará a identificar aquilo de que precisamos para começar.

Não existe uma receita única nem um roteiro predefinido: **cada um desenvolve sua atitude empreendedora a partir de suas próprias motivações, traça seu próprio roteiro e faz suas próprias escolhas a partir do momento em que decide seguir por esse caminho.** No entanto, os atributos mencionados aqui são indispensáveis – como no baralho, os quatro ases são cartas de valor elevadíssimo, que podem decidir a partida.

Com as cartas na mão

Na linha mais clássica da teoria empreendedora, alguns passos de conhecimento de mercado e de preparação para o negócio são necessários antes de efetivamente "colocar a mão na massa" – o que pode envolver, por exemplo, a elaboração de um plano detalhado para tentar prever cada etapa do desenvolvimento da empreitada. **Para o empreendedor do século XXI, e especialmente para o sênior, essas exigências podem se basear em outros critérios e em uma visão bem mais simples dos processos de tomada de decisão.**

Saras Sarasvathy (2008), professora da universidade de Michigan, nos Estados Unidos, desenvolveu um modelo para quem pretende iniciar um negócio com base no processo vivido por empreendedores que criaram empresas de sucesso sob as novas condições que passaram a imperar no século XXI, caracterizadas pelo mercado VUCA. O modelo foi batizado pela autora como "efectuação" *(effectuation),* e tem base na lógica da incerteza, em oposição à lógica do planejamento racional e estável *(causation)* predominante no século XX.

A principal diferença está no fato de que, no modelo proposto por Sarasvathy, o negócio se ajusta às características e às condições do empreendedor, enquanto no modelo causal o empreendedor é que precisava se ajustar às exigências e às circunstâncias do negócio e do mercado.

O modelo desenhado por ela é muito adequado para as pessoas acima de 50 anos que estão em um momento especial da vida profissional e desejam contemplar sua experiência e sabedoria em uma nova ideia de negócio. Isso porque ele não exige o cumprimento de tantas etapas por quem está se iniciando na vida empreendedora, nem invalida o processo de planejamento para empresas consolidadas, mas considera e prioriza as condições efetivas da ideia como o início da jornada.

Assim, o processo empreendedor, em uma imagem que a própria Sarasvathy criou, pode ser comparado à pessoa que recebe uma visita inesperada para o jantar, abre a geladeira e prepara a refeição com o que encontra lá dentro. Esse modelo da efectuação se baseia em cinco princípios e comportamentos, os quais podem ser associados com provérbios ou ditos populares bastante conhecidos. No quadro a seguir está ilustrada essa relação:

PRINCÍPIO	PROVÉRBIO	AÇÃO
Saiba quem é você, o que sabe e quem conhece.	"Mais vale um pássaro na mão do que dois voando."	Utilize as próprias habilidades e a própria rede de relacionamento para dar início a um empreendimento, seja ele qual for. É possível criar protótipos e experimentar diversas formas de vendê-los enquanto se desenvolve.
Defina quais são as perdas aceitáveis.	"Se a vida te der limões, faça uma limonada."	Invista apenas os recursos disponíveis para financiar a empreitada; isto é, não se endivide ou arrisque seu patrimônio para financiar seu projeto. Utilize a criatividade e os recursos pessoais para fazer as coisas mais baratas.
Explore as possibilidades.	"Tenha sempre uma carta na manga."	Esse princípio propõe uma mudança rápida da oferta de produto ou do tipo de serviço ainda durante a fase de implantação do negócio caso uma boa oportunidade se apresente. Explore novas possibilidades, mesmo que elas não estivessem contempladas no desenho original do projeto.
Cresça por parcerias.	"Junte os retalhos que você tem e faça uma colcha."	Associe-se a seus fornecedores e colaboradores, junte-se a pessoas que complementem suas habilidades. Torne sua operação mais enxuta, trabalhe em rede — o que reduz os riscos e permite que ela seja mais inovadora. Tenha parceiros com quem possa compartilhar os riscos e repartir o lucro da operação.
O futuro é imprevisível.	"Seja o piloto de seu próprio avião."	É preciso estar preparado para enfrentar as chuvas e trovoadas do ambiente empresarial. Fique atento às transformações do mercado para fazer mudanças de rumo e acordos estratégicos para seu negócio.

Fonte: adaptado de Fisher (2012).

Sarasvathy (2001) considera que seu modelo se adapta muito bem às pessoas que desejam empreender, mas não o fizeram ainda por considerar que não tiveram uma ideia tão boa ou que não possuem recursos suficientes, ou então que não sabem o que fazer e têm medo de fracassar. Trata-se, como se vê, de um modelo bem mais flexível e acessível. Ele tem sido experimentado com sucesso em diversos lugares do mundo e pode oferecer ao sênior a oportunidade de realizar sonhos e valorizar seu talento de acordo com suas motivações e possibilidades reais.

Talvez tudo o que falte seja apenas acrescentar à receita aquele ingrediente que ainda há pouco foi apontado como essencial: a atitude empreendedora. Mas agora, se já não a tiver como um atributo desenvolvido, o sênior já sabe por onde começar.

Raposas: amizades e felicidade

Um dos aspectos abordados no capítulo anterior que convém abordar mais a fundo neste momento é a dimensão que, na psicologia social, é conhecida como a dimensão "eu-outro". Como o próprio nome sugere, ela se refere à importância e à qualidade dos relacionamentos com as pessoas que estão à nossa volta. Precisamos ter clareza daquilo que essas pessoas representam e daquilo que podemos ou estamos dispostos a oferecer para mantê-las perto de nós – ou, nos valendo da expressão que a Raposa utilizou quando conheceu o Pequeno Príncipe, da nossa disposição e dos nossos motivos para fazer os movimentos necessários para "cativá-las", bem como para reconhecer e reagir aos movimentos que elas fazem com a intenção de nos cativar.

Tão logo se conhecem, o Príncipe convida a Raposa para brincar:

– NÃO POSSO BRINCAR COM VOCÊ – RESPONDEU A RAPOSA. – NINGUÉM ME CATIVOU AINDA.
– AH, DESCULPE, DISSE O PRÍNCIPE.
MAS, DEPOIS DE REFLETIR, ACRESCENTOU:
– O QUE SIGNIFICA "CATIVAR"? (SAINT–EXUPÉRY, 1986, P. 142)

O verbo cativar, escolhido pelo primeiro tradutor do Pequeno Príncipe em 1952 e por todos os que verteram a obra para o português depois dele, aparece como *apprivoiser* no texto original em francês. A palavra tem mais de um sentido e permitiria outras traduções, como "amansar", "domar" e "domesticar". Mas, conforme observa Haim Shapira (2015), é no sentido de "acostumar-se, seduzir e encantar aos poucos", outro dos significados possíveis, que o verbo é entendido no contexto do livro de Saint-Exupéry. Segundo a Raposa, cativar significa criar laços, e é "uma coisa quase sempre esquecida". A palavra, portanto, remete a "um processo que leva bastante tempo e se baseia em treinamento, rituais e confiança" (SHAPIRA, 2015, p. 142).

Esse momento de transição, quando já deixamos de ser os profissionais que fomos na primeira fase da carreira e ainda não nos transformamos no empreendedor que queremos ser na segunda etapa, é o instante ideal para reforçar a presença das Raposas em nossas vidas e também para tirar do nosso caminho as pessoas com as quais gastamos energia sem obter retorno.

Muitas das relações que mantemos na vida, e sobretudo no trabalho, são circunstanciais, inexpressivas e de pouca serventia nesse momento de mudança. Algumas chegam até mesmo a ser nocivas à vida que pretendemos levar, às transformações que pretendemos promover e aos desejos que ainda queremos realizar; elas apenas "ocupam espaço" em nossa rede de relacionamento e não demonstram qualquer alinhamento com nossos propósitos afetivos, de trabalho ou de diversão. Com frequência, trata-se de pessoas que nos seguraram e impediram nossa evolução em algum momento da vida; que não confiaram em nós, nem na nossa capacidade; que criticaram nossas atitudes apenas porque não coincidiam com seus interesses; que não retribuíram o tempo que investimos no relacionamento com elas, etc.

É bom, portanto, que esses casos permaneçam no passado. Na maioria das vezes, a simples saída do antigo ambiente de trabalho naturalmente já afasta de nós muitas dessas pessoas – e esse afastamento permitirá, inclusive, a abertura de espaço para novas Raposas que merecem lugar em nossa rede de relações. A senioridade, e sobretudo a senioridade empreendedora, não tem espaço para relacionamentos nefastos.

Feita essa "limpeza", é hora de identificar, entre as pessoas que fazem parte dos nossos círculos de relacionamentos pessoais e profissionais, aquelas que verdadeiramente são Raposas e merecem ser cativadas – e, também, as Raposas que nos cativaram e é importante termos sempre por perto. Não há qualquer conotação interesseira nessa afirmação; até porque também deve existir, de nossa parte, a disposição de oferecer a essas pessoas, em retribuição à ajuda que elas podem nos proporcionar, uma dose igual de suporte para seus projetos. Trata-se, pois, de uma parceria baseada na reciprocidade e na troca daquilo que um e outro têm de mais valioso para dar nesse momento – ou seja, os talentos e as habilidades profissionais.

Um dos critérios para essa seleção é **procurar ter por perto pessoas que, por compartilharem valores e se guiarem por padrões éticos semelhantes àqueles que nos orientam, demonstram ter conosco afinidades que podem ser úteis para os projetos profissionais que pretendemos implementar nessa nova fase da vida.**

Pessoas com quem podemos compartilhar ideias, que nos desafiem a inovar ou estabelecer parcerias de trabalho, e principalmente, que nos façam sentir importantes e especiais. Essas merecem ficar.

Os laços de relacionamento com elas, para serem fortes, precisam ser cultivados. Como disse a Raposa, "você é eternamente responsável por aquilo que cativou" (SAINT-EXUPÉRY, 1986, p. 148). É preciso, portanto, cuidar e investir tempo nos relacionamentos – tanto no sentido cronológico quanto no de kairós, isto é, estar atento e dar atenção aos momentos. Ou seja, é preciso se fazer presente nos grupos dos quais participa e, acima de tudo, desenvolver a empatia.

Empatia: a regra essencial

Um aspecto que já ficou subentendido, e que ficará mais claro a partir de agora, diz respeito à necessidade de mudança da atitude diante dos relacionamentos profissionais nesse novo momento da carreira. No passado, muitas pessoas talvez pensassem que não precisavam se preocupar muito com a qualidade dessas relações, isto é, que não havia necessidade de cativar os companheiros de trabalho porque as relações profissionais eram dadas pela empresa; afinal, com as raras e devidas exceções, as pessoas não escolhiam seus colegas – eles eram selecionados pelo departamento de recursos humanos, distribuídos pelas diferentes seções ou departamentos, e ficavam ou saíam de lá de acordo com as conveniências da empresa.

Por essa razão, ter um bom relacionamento no ambiente profissional era tido quase como uma espécie de bônus dado a quem era escalado para trabalhar ao lado de colegas agregadores e solidários. Mesmo nesses casos de "sorte", porém, prevalecia a visão de que, se cada um fizesse bem a sua parte, o resultado final do trabalho seria satisfatório – e muita gente sequer se preocupava em saber o que o colega da mesa ao lado estava fazendo. Havia pessoas que entravam e saíam do escritório sem sequer cumprimentar os colegas e eram até elogiadas pelos superiores por não perder tempo em conversas paralelas.

Mesmo que em alguns ambientes de trabalho mais tradicionais esta mentalidade ainda persista, nessa fase que se inicia para os seniores, as parcerias e a rede de relacionamentos profissionais ganham muito mais importância, e quem optar por esse caminho e não pensar em tornar as relações profissionais mais sólidas e profundas estará seguindo um trajeto mais difícil, que pode, inclusive, eliminar as possibilidades de sucesso do negócio. Para os que não se habituaram a cultivá-los na primeira fase da carreira, a boa notícia é que existem recursos que, uma vez acionados, podem tornar os relacionamentos profissionais mais fáceis e significativos. Entre eles, um dos principais atende pelo nome de empatia – que é a base para uma boa comunicação, para a administração de conflitos, para negociações justas e melhores interações profissionais, além de ser promotora da diversidade de ideias e da aceitação das diferenças humanas.

Os seniores de hoje cresceram ouvindo um lema que se tornou a "regra de ouro" nos relacionamentos de sua geração: trate o outro como você gostaria de ser tratado. Esse princípio se consagrou e foi utilizado na educação dos filhos, no relacionamento com os amigos e na convivência com os colegas e subordinados no trabalho. Aplicá-lo ao pé da letra já é meio caminho andado para a criação de uma rede de relacionamentos saudável e sustentada por laços fortes. No entanto, a ela deve ser acrescentada uma segunda regra, introduzida mais recentemente como princípio de bons relacionamentos:

trate o outro como ele gostaria de ser tratado.

O que está sendo proposto, evidentemente, não é um relacionamento baseado na bajulação. Em vez disso, o objetivo é que a aplicação desse princípio desperte nossa capacidade de nos colocar no lugar do outro e de reconhecer sua perspectiva de vida. Essa "regra de platina" dos relacionamentos atuais completa a caminhada de aproximação com outras pessoas e consolida a rede com relações mais verdadeiras e respeitosas.

Por definição, a empatia é "a arte de se colocar no lugar do outro por meio da imaginação, compreendendo seus sentimentos e perspectivas e usando essa compreensão para guiar as próprias ações" (KRZNARIC, 2015, p. 10). Trata-se de uma competência sociocognitiva fundamental para as relações humanas, que inclusive está presente, de certa forma, em nossa fisiologia: pesquisas recentes no campo da neurociência revelaram a existência dos neurônios-espelho, que orientam o cérebro a espelhar em nós aquilo que outras pessoas sentem. Isso significa que, quando vemos alguém em situação de dor ou de sofrimento, muitas vezes refletimos as sensações como se aquilo estivesse acontecendo conosco. Nós humanos temos a capacidade de nos projetar em situações imaginárias e de nos colocar no lugar do outro "como se" estivéssemos passando pelas mesmas situações. Assim, os neurônios-espelho são responsáveis por nossas reações e pela identificação que sentimos, por exemplo, com os personagens fictícios em filmes e livros: é comum experimentarmos as emoções que eles expressam, reagirmos ao perigo que enfrentam até o medo nas cenas de suspense. A possibilidade desse "contágio de sensações" proporcionado pelos neurônios-espelho pode ser utilizada conscientemente por nós quando desejamos tratar o outro como ele gostaria de ser tratado.

Ser empático, portanto, faz parte do ser humano, e essa habilidade pode ser desenvolvida em todo e qualquer momento da vida.

Ainda de acordo com a definição de Krznaric (2015), a imaginação tem um papel fundamental para o estabelecimento dessa competência: em outras palavras, não é necessário viver a vida do outro para perceber os desafios com os quais ele precisa lidar. Quando a empatia nos permite adotar a perspectiva do outro sobre a realidade, chamamos de empatia cognitiva. Trata-se da capacidade de perceber, reconhecer e compreender que a outra pessoa tem gostos, experiências de vida e visões de mundo diferentes das nossas. Outra dimensão dessa competência é a chamada empatia afetiva, que diz respeito às respostas emocionais motivadas pela situação da outra pessoa. Trata-se, nesse caso, da capacidade de compartilhar ou espelhar as emoções positivas ou negativas que a outra pessoa sente nas situações; ou seja, por meio dela somos capazes de sentir e compartilhar a tristeza de alguém que perdeu o emprego ou a alegria de alguém que acabou de se tornar avô.

A empatia – e esse aspecto é extremamente importante – é, assim, o recurso sociocognitivo que orienta nossas ações tanto em relação a outras pessoas quanto no que se refere à sociedade e ao mundo. Stephen Covey (2002) considera **a comunicação empática como a chave que nos ajuda a aperfeiçoar ou criar novas relações, além de estimular nosso pensamento criativo ao nos fazer incluir a diversidade de elementos trazida pelo outro nos projetos que desenvolvemos.**

Apesar de sua importância, a capacidade de estabelecer empatia pode ser dificultada por fatores que, se ainda não foram eliminados quando nos livramos de nossos baobás, precisam ser identificados e abolidos de nossa vivência. Entre eles estão os preconceitos, os pré-julgamentos e os estereótipos que nos impedem de nos aproximar das pessoas e de nos dar a oportunidade de conhecê-las de perto, inclusive identificando suas potencialidades. A distância, tanto física quanto cultural, é outro fator que costuma limitar a empatia: tendemos a ser mais empáticos com as pessoas que estão mais próximas de nós pela nacionalidade, pela proximidade física e até por outros aspectos, como o nível de escolaridade ou a religião. É por isso que temos que exercitar nossa capacidade de nos colocar no lugar do outro e enxergar o que comumente "é invisível aos olhos", como diria o Pequeno Príncipe.

A empatia começa a se desenvolver quando olhamos alguém nos olhos, chamamos essa pessoa pelo nome e reconhecemos sua individualidade. Ela só se estabelece quando somos capazes de inverter os papéis em uma relação, seja ela próxima ou distante; isto é, perceber o outro como distinto de nós, nas suas emoções e na sua forma de lidar com a vida, e o respeitarmos por isto. Como afirma Krznaric (2015), a empatia morre quando deixamos de reconhecer a humanidade, a individualidade e a singularidade das outras pessoas e as tratamos como seres de valor inferior ao nosso.

Quando o Pequeno Príncipe estava perto de se despedir, a Raposa se pôs no lugar dele e sugeriu que o menino voltasse ao jardim onde havia encontrado cinco mil rosas, pois, ao vê-las pela primeira vez, ele havia considerado que todas eram iguais àquela que cultivava em seu planeta e isso o entristeceu. Agora, munido de todo o conhecimento que a Raposa lhe ensinara sobre a arte de cativar, inclusive o fato de que o processo leva tempo e requer dedicação, o Príncipe foi ao jardim e se deu conta de que, embora todas fossem belas, aquelas ali plantadas não tinham o mesmo valor de sua Rosa:

– ALGUÉM QUE PASSE POR AQUI PODE PENSAR QUE MINHA ROSA É IGUAL A VOCÊS. MAS ELA SOZINHA É MAIS IMPORTANTE DO QUE TODAS VOCÊS, POIS FOI A ELA QUE EU SEMPRE IRRIGUEI, FOI ELA QUE PUS SOB UMA REDOMA. FOI ELA QUE PROTEGI COM UM PARA-VENTO. FOI POR ELA QUE MATEI AS LARVAS (SALVO DUAS OU TRÊS POR CAUSA DAS BORBOLETAS). FOI A ELA QUE QUE EU OUVI SE QUEIXAR OU SE VANGLORIAR OU, ÀS VEZES, SE CALAR. PORQUE ELA É A MINHA ROSA. (SAINT-EXUPÉRY, 1986, P. 146)

A sabedoria da Raposa ao se colocar no lugar do Pequeno Príncipe fez diferença na vida do menino. Do mesmo modo, só seremos de fato empreendedores se conseguirmos oferecer produtos ou serviços que gerem valor para os outros, e para isso é indispensável buscar entender o ponto de vista alheio, aprender e incorporá-lo nas nossas propostas. Por meio da empatia podemos fazer com que nosso projeto entusiasme os nossos parceiros e que nos faça sentir realizados e responsáveis pelas pessoas que cativarmos na nossa atividade.

Por fim, vale lembrar o que descobriu a psicóloga social canadense Susan Pinker (2015), em uma pesquisa que fez com um grupo de pessoas longevas numa ilha italiana: segundo ela, **a chave para a longevidade está nas relações sociais, mais que na saúde e na alimentação.** Pinker afirma que ter pelo menos três amigos íntimos e manter contato diário e presencial, olho no olho, com pessoas da comunidade (o porteiro do prédio, o balconista da padaria ou o dono da banca de jornais, por exemplo) é essencial para uma vida longeva e ativa. O grupo de pessoas com as quais de fato nos relacionamos, seja nas redes virtuais, seja nos grupos de amigos "de carne e osso", exerce influência sobre nós. Essas relações de "laços fracos" com as pessoas da vizinhança ou das mídias sociais são importantes, mas as essenciais mesmo são as relações de "laços fortes", as quais estabelecemos com os amigos mais próximos que nos acolhem, nos apoiam e nos ajudam a ser felizes.

Por isso, para a jornada empreendedora, é fundamental fazermos um balanço das nossas relações e descobrir se de fato estamos convivendo com pessoas especiais. Também precisamos identificar os movimentos intencionais que necessitamos fazer para cativar as pessoas que ainda não estão próximas.

Felicidade na jornada

Em sua forma mais genuína, a felicidade é uma sensação pessoal, intransferível e não compartilhável. Em outras palavras, ela tem valor pelo esforço que dedicamos a ela, conforme o Pequeno Príncipe escuta da Raposa, por quem acaba sendo cativado como amigo. No segundo encontro entre os dois, a Raposa explica o que o Príncipe deveria fazer para que ela se sentisse feliz com a amizade dele: o melhor, segundo ela, seria que os dois marcassem encontros sempre para um mesmo horário.

> – SE, POR EXEMPLO, VOCÊ VIER SEMPRE ÀS QUATRO HORAS DA TARDE, DESDE AS TRÊS JÁ COMEÇAREI A FICAR FELIZ. MAIS A HORA AVANÇA E MAIS FELIZ VOU FICANDO. QUANDO FOREM QUATRO HORAS, JÁ ESTAREI INQUIETA: DESCOBRIREI QUANTO VALE A FELICIDADE! (SAINT–EXUPÉRY, 1986, P. 145)

O valor da felicidade, nessa visão da Raposa, é definido por sua reação à presença do Príncipe, ou seja, pelo efeito da existência da pessoa em sua vida. Isso significa que, a despeito de ser um estado interno e de exigir predisposição íntima e pessoal para ser alcançada, a felicidade muitas vezes também é condicionada a fatores externos, ou seja, a pessoas, situações ou objetos que não estão totalmente sob o controle de quem os deseja.

Para muitos, a felicidade também parece estar atrelada a uma condição financeira. No entanto, de acordo com Eduardo Giannetti (2002), os estudos mostram que não existe uma relação direta entre a renda e o bem-estar subjetivo: o impacto do padrão monetário pessoal no bem-estar só parece ser forte nas faixas de menor renda da sociedade. Segundo o autor, "uma vez resolvidas certas carências básicas ligadas a bens de primeiras necessidades, o desafio da felicidade se torna muito mais uma questão de psicologia e ética do que propriamente econômica" (GIANNETTI, 2002, p. 94). E as pesquisas também não conseguem encontrar um padrão para a relação entre os indicadores objetivos e subjetivos que possam promover a felicidade. Então o que torna as pessoas felizes?

O filósofo grego Aristóteles considerava a procura pela felicidade como um movimento natural do homem. Para ele, **o prazer é a base da atividade humana: quanto mais prazer determinada atividade proporcionar, melhor será o resultado alcançado naquela ação. E quanto melhor for o resultado alcançado naquela ação, mais prazer ela irá gerar.** Sendo assim, o prazer e a felicidade estarão naquilo que o julgamento de cada um identificar como prazeroso.

Um dos estímulos para os seniores interessados em se reinserir no mercado, entre outras razões, é o de passar a enxergar esse "algo para fazer" – e não apenas a renda e os demais efeitos positivos que proporciona – como uma fonte primária de felicidade. Como o sênior, e apenas ele, é capaz de saber quais são e onde se encontram as causas genuínas de sua felicidade, a escolha dessa atividade requer autonomia – ou seja, requer que a definição da forma de trabalhar, da carga de trabalho exigida e da atividade propriamente dita sejam frutos de uma escolha pessoal.

No caso específico da geração retratada neste texto, a conquista da tão sonhada aposentadoria, que chegou a ser aguardada como algo que traria felicidade, acaba no momento em que o "ficar sem fazer nada" começa a cobrar seu preço. Esse "ficar sem fazer nada" perde o encanto diante do "nada ter para fazer", e aquela sensação de inquietude mencionada pela Raposa deixa de existir. Daí para a insatisfação é apenas um passo.

Assim, é importante ter em mente que a felicidade é um estado de satisfação, de realização e de plenitude que perseguimos ao longo da vida e que se manifesta quando alcançamos algo que desejamos – mas que, da mesma forma que vem, parece partir logo depois que a conquista é concretizada. Segundo Giannetti (2002, p. 177), ela

[...] JAMAIS SERÁ UM ESTADO FINAL QUE SE POSSA ADQUIRIR E DELE TOMAR POSSE DE UMA VEZ POR TODAS. ELA É UMA ATIVIDADE – ALGO QUE SE CULTIVA E CONSTRÓI, ALGO QUE, POR ALGUNS MOMENTOS, SE CONQUISTA E SE DESFRUTA, E QUE É A FONTE DE CONTENTAMENTO, MAS ESTÁ SEMPRE A EXIGIR DE NÓS EMPENHO E AMOR, SEMPRE RECOMEÇANDO OUTRA VEZ.

De um modo geral, portanto, o que existe são momentos de felicidade, que podem ser mais ou menos extensos, dependendo da relevância que o objetivo tinha para a pessoa e da carga de trabalho envolvida na conquista. Cada pessoa parte daquilo que é e, com base naquilo que tem, traça o próprio caminho para ela.

A felicidade é a meta das metas; mas ela só se manifesta para quem sabe o que procura.

Muitas vezes, os pequenos gestos não são suficientes para assegurá-la – e para obtê-la são exigidos movimentos determinados, que pedem desprendimento, coragem e até mesmo o rompimento com antigos modelos mentais e conceitos de vida.

Existem, é evidente, meios que orientam os movimentos de uma pessoa em direção às metas que ela estabeleceu para si mesma e que proporcionam as ferramentas capazes de ajudá-la a alcançar aquilo que busca – mas que, mais uma vez, além de não brotarem da terra sem que as tenhamos plantado, dependerão totalmente da nossa decisão pessoal de cultivá-las e colhê-las.

Em 1990, o psicólogo húngaro Mihaly Csikszentmihalyi criou o conceito de *flow*, que se refere ao processo de envolvimento total de uma pessoa com a vida e da inclusão de aspectos positivos, como a alegria e a criatividade, em sua rotina. Ao fazer isso, a pessoa passa a fluir – como o poço d'água que o Pequeno Príncipe encontra no meio do deserto – e se lança a uma atividade de forma tão profunda e absorta que todo o resto perde importância. A sensação é tão agradável que, segundo Csikszentmihalyi, quem a experimenta altera sua relação com o tempo – o qual também passa a fluir sem que a pessoa se dê conta. A autoconsciência desaparece, e o estado de plenitude é alcançado. Nesses momentos, a organização mental também se torna mais harmoniosa e se orienta no sentido de manter a satisfação pelo maior espaço de tempo possível.

Atingir esse estado mostra-se, assim, algo significativo para a manutenção da felicidade e da alegria de viver, já que melhora os índices de satisfação e ajuda a aperfeiçoar a qualidade de vida.

Algumas atividades, em especial, nos fazem fluir com mais intensidade do que outras. Geralmente, elas estão relacionadas com a prática de esportes, com os jogos, com as artes e com nossos *hobbies*; e como são motivadas por nossas escolhas e gostos pessoais, nos levam à concentração total nos momentos em que as realizamos. Mas para Csikszentmihalyi, as pessoas também devem aprender a trazer suas ocupações, seu trabalho e seus relacionamentos pessoais para o estado *flow*. Isso é possível e dependerá, fundamentalmente, da capacidade de assumir o controle da própria energia psíquica e da escolha de uma atividade profissional que mobilize nossas habilidades e nos coloque diante de desafios relevantes. Não se trata apenas de se lançar a um trabalho difícil, e sim de fazer um trabalho desafiador, que exija aquilo que sabemos ser o melhor de nós.

Se a pessoa não considera importante aquilo que faz, ou se sua atividade profissional não é relevante aos seus próprios olhos, a fluidez jamais será alcançada no trabalho.

Todas as atividades que fluem envolvem um certo nível de competição – muitas vezes da pessoa com ela mesma – e a busca permanente pela superação dos próprios limites. Quando isso acontece no trabalho, tem-se a sensação de descoberta de um novo nível de realidade, e passa-se a exigir uma constante elevação do próprio grau de desempenho. Esse movimento produz na consciência da pessoa aquilo que Csikszentmihalyi chama de "experiência máxima", ou seja, aquela em que a energia flui com naturalidade e sem esforço e na qual toda a atenção, por uma escolha livre, está deliberadamente mobilizada para alcançar uma meta pessoal.

Quem se encontra nesse estado de fluidez extrai prazer e propósito das atividades rotineiras, tornando-as desafiadoras e agradáveis. Segundo Csikszentmihalyi (1992), tal estado é importante porque torna o momento presente mais agradável e porque cria a autoconfiança a ponto de nos sentirmos capazes de agir de maneira significativa e produzir expressivas contribuições para o mundo. O trabalho pode ser uma fonte de satisfação, de experimentar esse fluir; e quanto mais clara for a percepção de que a visão sobre a atividade profissional pode ser transformada e ganhar um significado alinhado àquilo que se deseja, maior é a possibilidade de se sentir feliz e "fluindo".

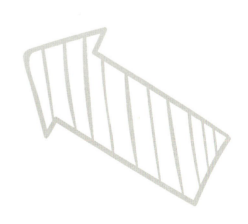

Estrelas:
propósitos e compromisso com o legado

Os gregos antigos tinham duas formas de encarar o tempo. A primeira estava relacionada ao passar dos dias, sendo marcada pelo nascer e pelo pôr do sol e por uma série de fenômenos naturais, como as fases da lua e as estações do ano, que acontecem de forma constante e inapelável. Esse tempo, portanto, é disposto sequencialmente em passado, presente e futuro; pode ser medido em dias, meses e anos, e é igual para todos. Na mitologia, é o tempo regulado pelo deus Cronos, pai de Zeus.

A outra forma de ver e lidar com o tempo era governada por Kairós, filho mais novo de Zeus: ela diz respeito ao momento oportuno, aquele que oferece uma chance única de dar início a uma obra extraordinária. Trata-se, nesse caso, de um tempo subjetivo e imensurável, que é sentido pela intensidade positiva e prazerosa da experiência vivida. O que conta nessa dimensão é a qualidade do aproveitamento do tempo e não a quantidade de dias, meses ou anos transcorridos.

A forma de lidar com o tempo – ou melhor, a preocupação com a suposta falta dele – costuma ser apontada como um empecilho em relação às mudanças profissionais para as pessoas que chegam aos 50 ou 60 anos e desejam (ou precisam) se manter em atividade. Como imaginam que terão pouco tempo pela frente, muitos têm receio de se lançar a uma iniciativa empreendedora e deixar o trabalho pela metade. Será que esse medo faz sentido? A resposta, evidentemente, é não. O tempo necessário para a transformação existe – o que às vezes falta é a iniciativa para agarrá-lo ao invés de deixá-lo passar.

Emprestando dos gregos a ótica de Kairós, a interrupção da trajetória profissional que acontece após alguns anos de trabalho pode significar, no lugar de um revés, a abertura das portas para uma nova fase da jornada – o que a transforma numa oportunidade de realizar aquilo que sempre desejamos. Ou seja, é exatamente essa a hora de dar um novo significado ao trabalho por meio de uma atividade empreendedora.

Tal decisão pode dar início a um momento profissional muito mais intenso e significativo do que os vinte ou trinta anos dedicados à primeira fase da carreira. Como vimos nos últimos capítulos, a nova visão nos oferece a percepção de que, para dar um novo significado à própria trajetória, o tempo disponível que se tem pela frente – ou seja, o tempo controlado por Cronos – é suficiente, inclusive, para os aprendizados que serão necessários para colocar um novo plano de pé, para ocupar nossos dias com experiências significativas e prazerosas e para iniciar novos projetos que, mais adiante, contenham o nosso legado.

A certeza da finitude do tempo, sob esse ponto de vista, pode ser o grande estímulo para acumularmos experiências interessantes e para vivermos de forma intensa, por saber que esta é a única oportunidade que teremos para fazer isso antes que esse tempo se esgote.

Qual é o seu propósito?

Segundo Platão, cada alma vive em uma estrela e se incorpora à criança que nasce, dotando-a dos sentimentos e das ideias que a guiarão ao longo da vida. Sendo assim, de acordo com o filósofo, a morte elimina apenas a dimensão física e devolve a alma a seu lugar de origem. Assim, a estrela é vista como a verdadeira morada da alma. Os gregos acreditavam, também, que eram os deuses que definiam os propósitos de vida e os revelavam a cada pessoa durante sua jornada. Essas duas questões – ou seja, a nossa origem, de onde viemos, e o nosso propósito de vida, sempre acompanharam a humanidade.

O motivo de nossa existência é um tema instigante e permanece até hoje como uma questão essencial a ser descoberta por cada um. E uma coisa é certa: um dia voltaremos para a estrela da qual partimos. A partir desse momento, seremos lembrados pelo que fizemos para cumprir nosso propósito.

Foi assim também com o Pequeno Príncipe quando ele decide retornar ao seu planeta, deixando-se ser mordido por uma serpente para fazer a viagem. O menino explicou ao Aviador que seu planeta era muito distante e que ele não poderia levar o próprio corpo na viagem porque "pesava muito".

"Vou dar a impressão de estar morto, mas não estarei..." (SAINT-EXUPÉRY, 1986, p. 164), diz o Principezinho. Ele então pede que o amigo não sofra, porque ele estaria presente em uma estrela:

– QUANDO VOCÊ OLHAR O CÉU, À NOITE, EU ESTAREI NUMA DELAS, E RINDO PARA VOCÊ. E ENTÃO SERÁ COMO SE TODAS ELAS RISSEM. DESSE MODO, SÓ VOCÊ TERÁ ESTRELAS QUE SABEM RIR! E ELE RIU DE NOVO.
– E QUANDO ESTIVER CONSOLADO (TODO MUNDO SE CONSOLA SEMPRE), SE SENTIRÁ CONTENTE DE TER ME CONHECIDO. SERÁ PARA SEMPRE MEU AMIGO. TERÁ VONTADE DE RIR COMIGO. (SAINT-EXUPÉRY, 1986, P. 162)

O legado que ficou do Pequeno Príncipe, desde que voltou para sua estrela, são as lições que ele deixou para os homens na Terra; e entre elas está a de procurar a felicidade em coisas simples, como em uma Rosa, e encontrar o essencial para a vida, como um poço d'água no deserto... Entre muitas outras lições.

A finitude, ou a morte, é um assunto incômodo. É como se, ao evitar de falar dela, pudéssemos nos esquivar do momento inevitável. Ana Cláudia Arantes (2016), médica especialista em intervenções de luto, afirma que o mais correto seria sentir respeito e não medo diante da morte. Esse respeito, é evidente, não tornaria ninguém imortal, mas traria harmonia às escolhas que fazemos para viver bem. O respeito pela morte é que possibilita a experiência de uma vida que vale a pena ser vivida.

A certeza da finitude, desse ponto de vista, pode ser um grande estímulo para encontramos nosso propósito, acumularmos experiências interessantes para deixar um legado e vivermos de forma intensa e feliz. O tempo que se tem pela frente não deve ser gasto com tarefas pouco significativas, com conflitos desnecessários e sofrimentos inúteis. Como lembra Arantes (2016), com ou sem prazer, estamos vivos 100% do tempo que passamos por aqui. Não tem sentido, portanto, dedicar parte desse recurso limitado a algo que não tenha relevância para nós mesmos.

Definir um sentido para a própria vida, procurar vivê-la intensamente, com prazer e gerando impactos positivos em torno de nós é perfeitamente possível, mas essa definição é pessoal e depende da forma como as pessoas enxergam a própria vida. O Pequeno Príncipe explica ao Aviador que a estrela terá o sentido que cada um der a ela:

> AS PESSOAS VEEM ESTRELAS DE MODO DIFERENTE. PARA QUEM VIAJA, AS ESTRELAS SÃO GUIAS. PARA OUTROS, SÃO APENAS LUZES. PARA ALGUNS OUTROS, AINDA, OS SÁBIOS, ELAS SÃO PROBLEMAS. PARA AQUELE EMPRESÁRIO, ELAS ERAM OURO. MAS TODAS ELAS SE CALAM. VOCÊ, PORÉM, TERÁ ESTRELAS COMO NINGUÉM NUNCA AS TEVE... (SAINT-EXUPÉRY, 1986, P. 162)

Encontrar o propósito da própria estrela e segui-lo é, portanto, um movimento indispensável que pode ser feito a qualquer momento da vida. O segredo não está na missão e, sim, na ação – e a responsabilidade pelas ações é inteiramente nossa. Portanto, qualquer atividade empreendedora que se inicie nessa etapa da jornada, além de ser orientada por metas claras, precisa estar afinada com o propósito pessoal.

Propósito é aquilo que define nossa razão de existir. É a resposta às perguntas que, mesmo sem nos darmos conta disso, sempre fazemos a nós mesmos: para que estamos aqui? Qual é o "porquê" do que estamos fazendo agora?

Quando procuramos e encontramos o porquê de nossas atitudes, conversamos diretamente com a parte do cérebro responsável pelo comportamento e pela tomada de decisões. Nossa ação torna-se mais efetiva e nos tornamos mais produtivos e satisfeitos com nosso projeto de vida. Talvez por isso ter um propósito forte tornou-se uma espécie de mantra entre os empreendedores: segundo Castanheira (2014), o propósito torna-se o DNA de um empreendimento quando é definido com significado consistente para todos os *stakeholders*, e é a crença nesse propósito que faz com que o empreendedor e as empresas atravessem situações de diversidades sem perder a direção que se propuseram a seguir, superando as ameaças no percurso e enfrentando crises sem se desviar do caminho traçado.

O problema é que, por mais importante que seja dar um sentido à própria vida, muita gente tem dificuldade de definir o propósito de sua jornada. Para auxiliar nesse processo, existe uma técnica japonesa baseada em cinco perguntas, as quais, uma vez respondidas, ajudam na definição do *ikigai* – palavra cujo ideograma significa "vida que vale a pena". As perguntas são:

1. O que você ama fazer?
2. No que você é bom?
3. De que o mundo precisa?
4. Pelo que as pessoas pagariam para você fazer?

Fonte: adaptado de Garcia e Miralles (2016).

Utilizando outras palavras, poderíamos perguntar, então:

QUAIS SÃO AS SUAS PAIXÕES? QUAIS SÃO AS SUAS HABILIDADES? QUAL É A DIFERENÇA QUE VOCÊ PODE FAZER NO MUNDO?

Como se vê, as perguntas do *ikigai* partem dos atributos mais pessoais para os mais sociais e orientam a paixão, a missão, a vocação e a profissão de uma pessoa para uma mesma direção. Para os japoneses, é a razão pela qual nos levantamos de manhã.

Esse exercício é bem apropriado no momento da tomada de decisão de empreender. Manter o equilíbrio entre essas dimensões para a definição e a escolha de um propósito é coerente com as motivações e expectativas identificadas ao longo dessa jornada em companhia do Pequeno Príncipe. Ter segurança em relação às razões que estão por trás dessa escolha e à relevância que o propósito terá para a própria vida é importante para que a pessoa se lance à nova atividade com disposição e entusiasmo.

Outra técnica que pode auxiliar a encontrar o propósito foi criada por Simon Sinek (2018), um americano especialista em liderança. O chamado *golden circle* (círculo dourado) é relativamente simples e tem se mostrado eficaz principalmente para ajudar os empreendedores a refletirem quanto ao propósito de uma empresa. Nessa ferramenta, são desenhados três círculos concêntricos e, dentro de cada um deles, uma pergunta-chave é feita: no círculo periférico, a pergunta é: "O que você faz?"; no intermediário, "Como você faz?", e finalmente, no círculo central, a pergunta é: "Por que faz esse trabalho?".

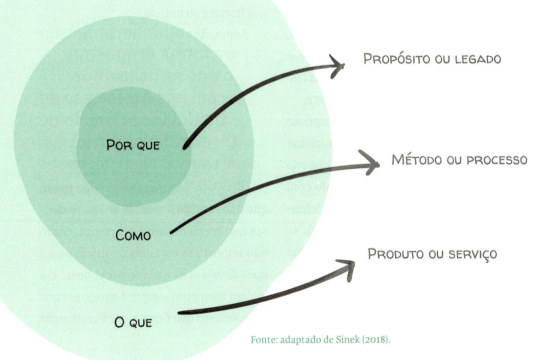

Fonte: adaptado de Sinek (2018).

A técnica do círculo dourado requer que as perguntas sejam respondidas três vezes, começando da periferia para o centro, depois no sentido inverso – ou seja, de dentro para fora – e, por fim, mais uma vez respondidas no sentido inicial. Isso facilitaria um maior entendimento acerca do nosso propósito e ajudaria a responder de uma forma mais completa as perguntas sobre nossa atividade profissional. Por exemplo: "ajudo as pessoas a ser felizes vendendo alimentos saudáveis e saborosos na minha padaria"; "faço do mundo um lugar melhor ao integrar a natureza e simplificar o uso dos recursos naturais na hospedagem das pessoas em meu hotel"; "apoio pequenos produtores, promovendo o empreendedorismo em rede e comprando seus produtos para meus restaurantes de comida vegetariana", etc.

A empresa que nasce com um propósito definido tem mais chances de se posicionar no mercado atual. É esse propósito que cria a cultura, estimula o envolvimento com a comunidade, atrai e conquista defensores. Segundo Reiman, (2018, p. 34) "se uma marca tem propósito, torna-se uma posição. Não compramos simplesmente um produto, aderimos a uma ideia, uma vez que simboliza algo maior".

Resolver problemas coletivos e atender aos grandes desafios da humanidade tem atraído empreendedores a criar soluções inovadoras e muitas vezes disruptivas. Ao fazer isso, eles alinham suas empresas a seus propósitos pessoais e orientam as ações para beneficiar a sociedade em que vivem, bem como a própria humanidade no futuro. Talvez por isso estejamos testemunhando, nas últimas décadas, o aumento de empresas sociais e de novos modelos de negócios que integram o lucro priorizando questões sociais e ambientais. As empresas inseridas no atual ecossistema prosperarão de acordo com o bem que fizerem ao mundo.

Assim, **assumir um propósito é a forma de mostrar o que há de melhor em nós e ter senso de finalidade por meio de atividades virtuosas, que transcendam interesses pessoais.** São metas de longo prazo que dão sentido à vida. E, se são os deuses que revelam nosso propósito, então não importa se estamos no início ou no meio de nossa jornada empreendedora, o melhor momento sempre é aquele em que descobrimos que fazer o que escolhemos é que dá sentido a nossas vidas. Por isso, a pergunta está feita: qual é o seu propósito?

Contando sua história

Na visão de Michael Gerber (2010), o empreendedor é um contador de histórias: ele sempre faz questionamentos que o remetem à essência do seu sonho, à visão de seu negócio e ao seu propósito, e é a partir das respostas que surgem grandes personagens. Se existe um propósito, existe quem faz uma história a ser contada, e, segundo o autor, a decisão de iniciar uma nova etapa da vida profissional é a segunda chance de ser protagonista de uma grande história. E toda boa história precisa ser contada.

Fazer história, no caso do empreendedor, envolve gente; significa realizar feitos que deixam marcas significativas ou construir obras que beneficiem alguém. Ou seja, significa deixar um legado relevante, que faça sentido para outras pessoas. Dependendo da grandeza desse legado, ele ficará na memória coletiva e pode ser eternizado pelas lembranças e pela narrativa das gerações seguintes, seja da sua própria família, seja das pessoas mais significativas para o empreendedor – ou até mesmo da humanidade inteira, por que não?

Quando falamos de legado, nos referimos aqui à herança intangível que um empreendedor pode deixar. A parte "concreta" da herança engloba o patrimônio, as participações societárias, o capital e até as oportunidades decorrentes do negócio, conforme diz Renato Bernhoeft (2018). Essa herança tangível pode ser avaliada em termos materiais, mas o legado, não: ele está contido na história, nos valores, nos exemplos, na cultura da família e no afeto.

Ninguém deseja, naturalmente, ser lembrado pelas pessoas próximas como o Pequeno Príncipe se lembrava do empresário em um dos planetas que visitou:

— CONHEÇO UM PLANETA ONDE VIVE UM SUJEITO VERMELHO, QUASE ROXO. ELE NUNCA CHEIROU UMA FLOR. JAMAIS VIU UMA ESTRELA. NUNCA AMOU NINGUÉM. TUDO O QUE FEZ NA VIDA FOI CONTAS. PASSA O DIA INTEIRO REPETINDO, COMO VOCÊ: "SOU UM HOMEM SÉRIO. SOU UM HOMEM SÉRIO". (SAINT-EXUPÉRY, 1986, P. 103)

Deixar um legado significativo não exige, necessariamente, obras grandiosas nem um feito ambicioso, de dimensão universal. Seu legado deve fazer sentido, em primeiríssimo lugar, para as pessoas que são significativas para você. (Quando o Pequeno Príncipe decide voltar para o seu planeta, por exemplo, ele presenteia o Aviador com aquilo que o amigo mais admirava: sua risada.)

Essa é, para quem já teve tantas escolhas sugeridas neste livro, mais uma que se pode fazer na hora de se lançar a uma jornada empreendedora. Como deseja que as pessoas reajam ao olhar para o céu à procura de sua estrela? Do que gostaria que elas se lembrassem? O que falariam sobre você?

Seja qual for o legado, ele será construído com base naquilo que você fez ao longo da vida para as pessoas à sua volta. É legítimo querer ser lembrado pelos valores que conduziram sua vida e que você compartilhou com sua família, por exemplo; ou pelas iniciativas que tomou em benefício da sua comunidade, ou ainda pela postura solidária em relação às pessoas em condição vulnerável.

O legado nada mais é do que a marca pessoal das nossas realizações pela narrativa das pessoas que conviveram conosco. Ele une as três dimensões do tempo, já que ações concretizadas no passado inspiram pessoas no presente para beneficiar outras pessoas no futuro.

Conclusão

A longevidade veio para ficar. Segundo a pesquisadora inglesa Lynda Gratton (2016), a maioria das crianças nascidas em países desenvolvidos nos dias atuais pode esperar viver mais de 100 anos. Isso significa um acréscimo de mais de duas décadas em relação à expectativa de vida dos adultos de hoje – que, nesses lugares, já viverão, em média, pelo menos dez anos a mais do que seus pais. A pergunta é: isso deve ser considerado um fardo ou uma dádiva?

Eis aí mais uma escolha a ser feita nesse processo de reinvenção da velhice. Para que os anos a mais de vida sejam de fato um presente, devemos começar agora a mudar nossa forma de agir. Mesmo que o aumento da expectativa de vida já seja realidade, o fato é que "ainda somos os mesmos e vivemos como nossos pais", como diz a canção de Elis Regina. É preciso fazer diferente deles. Não é mais possível estruturar nossas vidas como antigamente, parar de trabalhar aos 60 anos e viver da aposentadoria. Precisamos aproveitar com entusiasmo e prazer os anos a mais que todos estamos recebendo nessa etapa que se inicia aos 50.

Gratton e Scott (2016) alertam que a vida profissional, que até aqui pôde ser resumida em três etapas sequenciais clássicas (a educação, a carreira e a aposentadoria), não fará mais sentido no século XXI. Por isso, uma revolução pode ser protagonizada por nós. Podemos inaugurar uma carreira de múltiplas etapas, sem modelos, sem idades e sem ordenamentos rígidos. Uma vida de 100 anos está para ser inventada. As escolhas que forem feitas para viver e trabalhar por um período mais longo devem incluir mais leveza e novos propósitos. São eles que tirarão o peso da longevidade e farão dela um presente.

As escolhas a serem feitas a partir de agora serão cada vez mais pessoais e individualizadas. Sempre reagimos aos fatos com os quais nos deparamos ao longo da vida com base em nosso instinto, nossa intuição, nossos valores ou nossos interesses. É preciso, portanto, um processo permanente de autoconhecimento para que tomemos decisões que proporcionem bem-estar e felicidade na vida. Estamos diante da oportunidade de agir pela inspiração e fazer escolhas empreendedoras capazes de proporcionar uma longevidade mais equilibrada e saudável.

A viagem que iniciamos neste livro está chegando ao fim. Espero que ela possa ser o início de uma nova jornada, muito mais significativa e importante, que depende das escolhas que forem feitas agora. Olhe atentamente para a paisagem à sua volta. Certifique-se de que os baobás foram removidos e que as rosas estão bem cuidadas. Não tenha pressa: como sugere o Aviador, "detenha-se um pouco sob as estrelas",

as suas próprias estrelas. "Se, então, um menino se aproximar, se ele rir, se seus cabelos forem dourados, se não responder quando alguém o interrogar, adivinhará facilmente quem é ele" (SAINT-EXUPÉRY, 1986, p. 169). Se esse encontro acontecer, você estará diante de seu Pequeno Príncipe e ele orientará sua jornada pela vida.

Na cena final do romance *O amor nos tempos do cólera*, de Gabriel García Márquez (1986), o protagonista Florentino Ariza, já septuagenário, embarca em um navio com Fermina Daza, cujo amor ele desejou a vida inteira e só conquistou na senioridade. O comandante do barco pergunta por quanto tempo ele pretendia subir e descer o rio sem atracar em qualquer porto. A resposta é a mais magnífica possível: "Toda a vida!".

Toda a vida: esse é o tempo da nossa jornada empreendedora... que começa agora.

Referências

AGÊNCIA IBGE NOTÍCIAS. Número de idosos cresce 18% em 5 anos e ultrapassa 30 milhões em 2017. Disponível em: https://agenciadenoticias.ibge.gov.br/agencia-noticias/2012-agencia-de-noticias/noticias/20980-numero-de-idosos-cresce-18-em-5-anos-e-ultrapassa-30-milhoes-em-2017. Acesso em: 31 jan. 2019.

ALLARD, M.; THIBERT-DAGUET, A. Longevidade: como usar? Rio de Janeiro: José Olympio, 2005.

ALMEIDA, D. P. Mudar de vida. Lisboa: Edições Almedina, 2011.

ARANTES, A. C. A morte é um dia que vale a pena viver. Rio de Janeiro: Casa da palavra, 2016.

BARRET, R. A organização dirigida por valores. Rio de Janeiro: Alta Books, 2017.

_____. Libertando a alma da empresa: como transformar a organização numa entidade viva. São Paulo: Cultrix, 2000.

BERNHOEFT, R. Cartas a um jovem herdeiro: a herança não vem com manual de instruções. Rio de Janeiro: Alta Books, 2018.

_____; MAZZAFERRO, D. Longevidade: os desafios e as oportunidades de se reinventar. São Paulo: Évora, 2016.

BOTHAM, R.; GRAVES, A. The Grey Economy: How Third Age Entrepreneurs Are Contributing to Growth. *In*: NESTA (research report), ago. 2009.

BRANDÃO, C. R. Identidade e etnia: construção da pessoa e resistência cultural. São Paulo: Brasiliense, 1986.

BRANDÃO, J. S. Dicionário mítico-etimológico da mitologia grega. Petrópolis: Vozes, 1991.

BRASIL. Ministério da Saúde. Estatuto do idoso. Brasília: Ministério da Saúde, 2003. Disponível em: http://www.saude.pr.gov.br/arquivos/File/pagina_saude_do_idoso/estatuto_do_idoso.pdf. Acesso em: 26 out. 2018.

CAMÕES, L. Os Lusíadas. Lisboa: L. C. da Cunha, 1864.

CASTANHEIRA, J. Vai que dá: 10 histórias de empreendedores que transformaram seu sonho grande em negócios de alto impacto. São Paulo: Portfolio-Penguin, 2014.

CERISIER, A.; LACROIX, D. A bela história do Pequeno Príncipe. Trad. Ferreira Gullar. Rio de Janeiro: Agir, 2013.

CHRISTAKIS, N. A.; FOWLER, J. O poder das conexões: a importância do networking e como ele molda nossas vidas. Rio de Janeiro: Elsevier, 2010.

COVEY, S. R. Liderança baseada em princípios. 10. ed. Rio de Janeiro: Campus, 2002.

DE MASI, D. O ócio criativo. Rio de Janeiro: Sextante, 2000.

DELORS, J. Educação: um tesouro a descobrir. Relatório para a UNESCO da Comissão Internacional sobre Educação para o século XXI. 2. ed. São Paulo: Cortez, 1999.

DOLABELA, F. Pedagogia empreendedora. São Paulo: Editora de Cultura, 2003.

DUHIGG, C. Mais rápido e melhor: os segredos da produtividade na vida e nos negócios. Trad. Leonardo Alves. Rio de Janeiro: Objetiva, 2016.

DWECK, C. S. Mindset: a nova psicologia do sucesso. São Paulo: Objetiva, 2017.

FEJGELMAN, D. B. Valores compartilhados: o desafio de levar a teoria à prática. In: Organicom, v. 5, n. 8, 2008. Disponível em: https://doi.org/10.11606/issn.2238-2593.organicom.2008.138974. Acesso em: 26 out. 2018.

FERRIGNO, J. C. A identidade do jovem e a identidade do velho. In: Velhices: reflexões contemporâneas. São Paulo: Sesc/PUC, 2006.

FISHER, G. (2012). Effectuation, Causation, and Bricolage: a Behavioral Comparison of Emerging Theories in Entrepreneurship Research. In: Entrepreneurship Theory and Practice, v. 36, n. 5, p. 1019-1051, set. 2012. Disponível em: https://www.effectuation.org/wp-content/uploads/2017/06/Fisher-2012-Entrepreneurship_Theory_and_Practice-copy.pdf. Acesso em: 26 out. 2018.

FRAYZE-PEREIRA, J. A. A questão da alteridade. In: Psicologia USP, v. 5, n. 1-2, 1994. Disponível em: http://pepsic.bvsalud.org/scielo.php?script=sci_arttext&pid=S1678-51771994000100002&lng=pt&tlng=pt. Acesso em: 26 out. 2018.

GARCIA, H.; MIRALLES, F. Ikigai: os segredos dos japoneses para uma vida longa e feliz. Rio de Janeiro: Intrínseca, 2018.

GARCIA, M. A. B. O advento da longevidade no trabalho: como continuar trabalhando após os 60 anos? Rio de Janeiro: QualityMark, 2007.

GERBER, M. E. Desperte o empreendedor que há em você: como pessoas comuns podem criar empresas extraordinárias. São Paulo: M.Books Brasil Editora, 2010.

GIANNETTI, E. Felicidade: diálogos sobre o bem-estar na civilização. São Paulo: Companhia das Letras, 2002.

GLOBAL ENTREPRENEURSHIP MONITOR (GEM); SERVIÇO BRASILEIRO DE APOIO ÀS MICRO E PEQUENAS EMPRESAS (SEBRAE). Empreendedorismo no Brasil 2018. Disponível em: http://datasebrae.com.br/wp-content/uploads/2019/02/Relat%C3%B3rio-Executivo-Brasil-2018-v3-web.pdf. Acesso em: 1º ago. 2019.

GRATTON, L.; SCOTT, A. The 100-Year Life: Living and Working in an Age of Longevity. New York: Bloomsbury Publishing, 2016.

GREVE, B. Felicidade. Trad. Pedro Barros. São Paulo: Editora Unesp, 2013.

HACKMAN, R. J.; OLDHAM, G. R. Development of the Job Diagnostic Survey. In: Journal of Applied Psychology, v. 60, n. 2, p. 159-170, 1975.

HARARI, Y. N. Sapiens: uma breve história da humanidade. São Paulo: L&PM, 2015.

HASHIMOTO, M. O espírito empreendedor nas organizações: aumentando a competitividade através do intraempreendedorismo. São Paulo: Saraiva, 2006.

INSTITUTO DA LONGEVIDADE. Indústria faz produtos pouco inclusivos para os mais velhos, diz Patricia Moore. 26-10-2016. Disponível em: https://institutomongeralaegon.org/longevidade-e-comportamento/tecnologia/industria-faz-produtos-pouco-inclusivos-para-os-mais-velhos-diz-patricia-moore. Acesso em: 31 jan. 2019.

ISELE, E. Older Workers Are the Economy's Most Underrated Natural Resource. In: The Future of Aging, dez. 2018. Disponível em: https://qz.com/1490044/older-workers-are-the-economys-most-underrated-natural-resource/. Acesso em: 1º ago. 2019.

ISMAIL, S.; MALONE, M. S.; VAN GEEST, Y. Organizações exponenciais: por que elas são 10 vezes melhores, mais rápidas e mais baratas que a sua (e o que fazer a respeito). São Paulo: HSM, 2015.

KAHNEMAN, D. Rápido e devagar: duas formas de pensar. Trad. Cássio Arantes de Leite. Rio de Janeiro: Objetiva, 2012.

KOFMAN, F. Liderança e propósito: o novo líder e o real significado do sucesso. Rio de Janeiro: Hapercollins, 2018.

KRZNARIC, R. O poder da empatia: a arte de se colocar no lugar do outro para transformar o mundo. Rio de janeiro: Zahar, 2015.

MACIEL, C. O.; CAMARGO, C. Lócus de controle, comportamento empreendedor e desempenho de pequenas empresas. In: Revista de Administração Mackenzie [on-line], v. 11, n. 2, out. 2010, p. 168-188.

MÁRQUEZ, G. G. O amor nos tempos do cólera. Rio de Janeiro: Record, 1986.

MCCLELLAND, D. C. The Achieving Society. New York: Irvington Publishers, 1976.

MCKEOWN, G. Essencialismo: a disciplinada busca por menos. Rio de Janeiro: Sextante, 2015.

MINAYO, M. C. Visão antropológica do envelhecimento humano. *In*: Velhices: reflexões contemporâneas. São Paulo: SESC/PUC, 2006.

NEDER, M. A revolução das sete mulheres: os sete perfis que representam a geração 50+, 60+ que está reinventando a maturidade. São Paulo: Editora Senac São Paulo, 2015.

NERI, A. Atitudes e preconceitos em relação à velhice. *In*: NERI, A. (org.). Idosos no Brasil: vivências, desafios e expectativas na terceira idade. São Paulo: Editora Fundação Perseu Abramo/Edições SESC-SP, 2007.

NERI, M. Renda, consumo e aposentadoria. *In*: NERI, A. (org.). Idosos no Brasil: vivências, desafios e expectativas na terceira idade. São Paulo: Editora Fundação Perseu Abramo/Edições SESC-SP, 2007.

ORGANIZAÇÃO MUNDIAL DA SAÚDE. Envelhecimento ativo: uma política de saúde. Trad. Suzana Gontijo. Brasília: Organização Pan-Americana da Saúde, 2005. Disponível em: http://bvsms.saude.gov.br/bvs/publicacoes/envelhecimento_ativo.pdf. Acesso em: 26 jul. 2018.

PASCUAL, J. G. Autonomia intelectual e moral como finalidade da educação contemporânea. *In*: Psicologia: Ciência e Profissão, v. 19, n. 3, p. 2-11, 1999.

PASTORE, J.; PINA, F. O trabalho dos idosos: hoje e amanhã. 29-11-2018. *In*: O Estado de S.Paulo [on-line]. Disponível em: https://economia.estadao.com.br/noticias/geral,o-trabalho-dos-idosos-hoje-e-amanha,70002625679. Acesso em: 31 jan. 2019.

PIAGET, J. O juízo moral na criança. São Paulo: Martins Fontes, 1994.

PINKER, S. The Village Effect: How Face-to-Face Contact Can Make Us Healthier and Happier. Toronto: Vintage Canada [Reprint edition], 2015.

PINKER, S. O segredo para uma vida longa pode estar na sua vida social. TEDTalks 2017. Disponível em: https://www.ted.com/talks/susan_pinker_the_secret_to_living_longer_may_be_your_social_life?language=pt-br. Acesso em: 31 jan. 2019.

READ, S. *et al*. Effectual entrepreneurship. Nova York: Routledge, 2011.

REIMAN, J. Propósito: por que ele engaja colaboradores, constrói marcas fortes e empresas poderosas. São Paulo: HSM Editora, 2013.

ROTTER, J. B. Generalized Expectancies for Internal versus External Control of Reinforcement. *In*: Psychological Monographs, v. 80, p. 1-28, 1966.

SAINT-EXUPÉRY, A. O Pequeno Príncipe. 30. ed. Rio de Janeiro: Agir, 1986.

SAMARA, B. S.; MORSCH, M. A. Comportamento do consumidor: conceitos e casos. São Paulo: Pearson, 2005.

SAMPAIO, M. Atitude empreendedora: descubra com Alice seu país das maravilhas. São Paulo: Editora Senac São Paulo, 2014.

SANDBERG, S.; GRANT, A. Plano B: como encarar adversidades, desenvolver resiliência e encontrar felicidade. São Paulo: Fontanar, 2017.

SANTOS, S. S. Envelhecimento: visão de filósofos da antiguidade oriental e ocidental. *In*: Revista RENE, v. 2, n. 1, p. 88-94, jul.-dez. 2001. Disponível em: http://www.repositorio.ufc.br/bitstream/ riufc/13432/1/2001_art_sscsantos.pdf. Acesso em: 21 mar. 2018.

SARASVATHY, S. D. Effectuation: Elements Of Entrepreneurial Expertise. Massachusets: Edward Elgar Publishing, 2008.

_____. Causation and Effectuation: Toward a Theoretical Shift from Economic Inevitability to Entrepreneurial Contingency. *In*: Academy of Management Review, v. 26, n. 2, p. 243-263, 2001.

SERVIÇO BRASILEIRO DE APOIO ÀS MICRO E PEQUENAS EMPRESAS (SEBRAE). Guia do empreendedor criativo. Brasília, 2015. Disponível em: https://bibliotecas.sebrae.com.br/chronus/ ARQUIVOS_CHRONUS/bds/bds.nsf/e1bb929711a641ae93eb6dbb5853db3d/$File/5442.pdf. Acesso em: 1º ago. 2019.

_____. Perfil do potencial empreendedor aposentado. Disponível em: https://m.sebrae.com. br/Sebrae/Portal%20Sebrae/Anexos/Apresenta%C3%A7%C3%A3o%20Potencial%20 Empreendedor%20aposentado%20vf.pdf. Acesso em: 14 maio. 2019.

SEBRAE SÃO PAULO. Pesquisa Empreendedorismo na terceira idade. São Paulo: Sebrae-SP, 2018. Disponível em: http://www.sebrae.com.br/Sebrae/Portal%20Sebrae/UFs/SP/Pesquisas/ TERCEIRA%20IDADE%20-%20APRESENTAC%CC%A7A%CC%83O%20FINAL%20 DIVULGACAO.pdf. Acesso em: 31 jan. 2019.

SHAPIRA, H. A felicidade está nas pequenas coisas. Trad. Maria Beatriz Medina. Rio de Janeiro: Sextante, 2015.

SINEK, S. Comece pelo porquê: Como grandes líderes inspiram pessoas e equipes a agir. Rio de Janeiro: Sextante, 2018.

STANGLER, D.; SPULBER, D. The Age of the Entrepreneur: Demographics and Entrepreneurship, mar. 2013. Disponível em: http://i4j.info/wp-content/uploads/2013/05/ i4jDaneStanglerDemographicsandEntrepreneurship-1.pdf. Acesso em: 26 out. 2018.

TOSI, R. Dicionário de sentenças gregas e latinas. São Paulo: Martins Fontes, 1996.

VILASECA, B. O Pequeno Príncipe põe a gravata: uma fábula sobre como usar o crescimento pessoal para redescobrir aquilo que importa de verdade. Rio de Janeiro: BestSeller, 2013.